Kaiser Heinrich II. und Kunigunde

kleine bayerische biografien

herausgegeben von
Thomas Götz

KARIN SCHNEIDER-FERBER

Kaiser Heinrich II. und Kunigunde

Das heilige Paar

Verlag Friedrich Pustet
Regensburg

Biografien machen Vergangenheit lebendig: Keine andere literarische Gattung verbindet so anschaulich den Menschen mit seiner Zeit, das Besondere mit dem Allgemeinen, das Bedingte mit dem Bedingenden. So ist Lesen Lernen und Vergnügen zugleich.

Dafür sind gut 100 Seiten genug – also ein Wochenende, eine längere Bahnfahrt, zwei Nachmittage im Café. Wobei *klein* nicht leichtgewichtig heißt: Die Autoren sind Fachleute, die wissenschaftlich Fundiertes auch für den verständlich machen, der zwar allgemein interessiert, aber nicht speziell vorgebildet ist.

Bayern ist von nahezu einzigartiger Vielfalt: Seine großen Geschichtslandschaften Altbayern, Franken und Schwaben eignen unverwechselbares Profil und historische Tiefenschärfe. Sie prägten ihre Menschen – und wurden geprägt durch die Männer und Frauen, um die es hier geht: Herrscher und Gelehrte, Politiker und Künstler, Geistliche und Unternehmer – und andere mehr.

Das wollen die KLEINEN BAYERISCHEN BIOGRAFIEN: Bekannte Personen neu beleuchten, die unbekannten (wieder) entdecken – und alle zur Diskussion um eine zeitgemäße regionale Identität im Jahrhundert fortschreitender Globalisierung stellen. Eine Aufgabe mit Zukunft.

DR. THOMAS GÖTZ, Herausgeber der Buchreihe, geboren 1965, studierte Geschichte, Germanistik und Philosophie. Er lehrt Neuere und Neueste Geschichte an der Universität Regensburg und legte mehrere Veröffentlichungen, vor allem zu Stadt und Bürgertum in Bayern und Tirol im 18., 19. und 20. Jahrhundert, vor. Darüber hinaus arbeitet er im Museums- und Ausstellungsbereich.

Inhalt

Einleitung: Stifter – Kaiser – Heilige

Die mittelalterliche Kaisergeschichte kennt viele prägnante Gestalten. Doch in den Rang der Heiligkeit hat es kaum einer von ihnen geschafft. Außer dem Frankenherrscher Karl dem Großen mit seinem für die deutsche Königskrönung so wichtigen Gedächtnisort Aachen schaffte dies nur noch ein einziger Kandidat aus der Reihe der Reichsoberhäupter: der bayerische Herzog, deutsche König und spätere Kaiser Heinrich II. († 1024). Doch während Karl der Große – erst knapp 20 Jahre nach Heinrich und noch dazu durch einen Gegenpapst zur »Ehre der Altäre« erhoben – inzwischen aus dem offiziellen Heiligenkatalog gestrichen wurde, gilt Heinrich auch im 21. Jh. immer noch als verehrungswürdig. Und nicht nur er: Mit ihm wird seine Ehefrau, Mitregentin, gekrönte Königin und Kaiserin Kunigunde († 1033) als Heilige verehrt.

Heinrich und Kunigunde, Kaiser und Kaiserin, sind das einzige Herrscherpaar der mittelalterlichen Geschichte, dem die Ehre der Kanonisation zuteilgeworden ist. An ihren Todestagen, dem 13. Juli und dem 3. März, werden im Erzbistum Bamberg fast ein Jahrtausend nach ihrem Ableben noch immer eigene Hochfeste gefeiert und ihrer gemeinsam mit der Gesamtkirche gedacht. In diesem Paar vereinen sich damit höchste irdische und himmlische Würden. Ebernand von Erfurt, Verfasser der ersten volkssprachlichen Lebensbeschreibung »Kaiserlegenden von Heinrich und Kunigunde« (um 1220), hob diese Seltenheit im Prolog seines Werkes hervor: »Gibt es in der Welt Würdigeres als Kaiser und Kaiserin?«, fragte er rhetorisch. »Das waren sie beide, und von da öffnete sich ihnen der Himmel. (...) Hier auf Erden trugen sie die edlen Kaiserkronen, und im Himmel sind sie gleichermaßen mit Kronen geschmückt, sodass wir auf ihren Beistand hoffen dürfen.« Doch worin bestand die Außergewöhnlichkeit des Paares, das auch nach 1000 Jahren noch seine Wirkung entfaltet?

In Erinnerung blieben Heinrich und Kunigunde vor allem wegen ihrer überaus regen, auch für frühmittelalterliche Verhältnisse außergewöhnlich großzügigen Stiftertätigkeit. Vor allem Bamberg, »die liebliche Stadt am klaren Flusslauf der Regnitz« (Ebernand), wurde zu ihrem ureigensten Wirkungsort. Energisch traten sie für die Gründung und Ausstattung des Bistums (1007) ein und initiierten den ersten Dombau. Große Güterübertragungen und Eingriffe in die bereits bestehende Diözesanstruktur waren dafür nötig. Kunigunde musste sogar auf ihre Witwenausstattung verzichten, um das Lieblingsprojekt Wirklichkeit werden zu lassen. Doch sie ließen sich nicht beirren: Mit aller Kraft machten sie Bamberg, die Stadt auf den sieben Hügeln, zu einem kulturellen und religiösen Zentrum ihrer Herrschaft – reich bedacht mit Geschenken an wertvollen Büchern, liturgischen Geräten und Reliquien. Selbst ein Papst weilte 1020 an dem aufblühenden Ort in Oberfranken. Ohne die Initiative des heiligen Paares wären Stadt und Bistum Bamberg nicht das, was sie heute sind.

Hervorstechend selbst für die Zeitgenossen war auch die persönliche Frömmigkeit des Paares, dessen ganze Aufmerksamkeit darauf ausgerichtet war, den inneren und äußeren Frieden im Reich als dem ideellen »Haus Gottes« sicherzustellen und die Reichskirche als Stütze der Königsmacht zu fördern. Bistümer und Klöster im ganzen Reichsgebiet erfreuten sich der Gunst des Paares. Kunigunde selbst stiftete das großzügig ausgestattete Kloster Kaufungen bei Kassel als ihren Altersruhesitz. Heinrich bemühte sich zeitlebens um eine Reform der Kirche und der Klöster durch die Erneuerung der Disziplin und die genaue Beachtung der Benediktsregel. Er galt als »Bruder der Mönche«.

Nicht zuletzt ließ sich das Paar dabei von einer sehr persönlichen Tragik leiten: Ihre Ehe blieb kinderlos. Erben waren

Die Stifter des Bistums Bamberg, Heinrich II. und Kunigunde, begrüßen den Besucher am Eingang ihres Domes: Elegant, zeitlos schön und ganz aufeinander bezogen stehen sie als Gewändefiguren im Stil der französischen Gotik am Adamsportal.

Heinrich und Kunigunde versagt; die dynastische Linie der Liudolfinger endete mit ihnen unweigerlich. Das Paar musste sich daher um seine »Memoria«, sein Andenken nach dem Tod, das in der Regel von den leiblichen Nachfahren gesichert wurde, selbst kümmern. Aber gerade diese aus dynastischer Sicht größte Katastrophe, die ein Herrscherpaar treffen konnte, wurde zum Ausgangspunkt für die Legendenbildung. Hatte das Paar freiwillig und aus Gottesfurcht auf Nachkommen verzichtet? Hatten sie eine Josephsehe geführt, um Keuschheit zu bewahren? Obwohl nichts in den Quellen darauf schließen lässt, dass das Paar keine »normale« Ehe geführt hätte, beschäftigte der Umstand der Kinderlosigkeit die Nachwelt in besonderem Maße. Gerade Kunigunde wurde im Hochmittelalter als jungfräuliche Königin gedeutet und nahm in der kultischen Verehrung mariengleiche Züge an.

In guter Erinnerung sind Heinrich und Kunigunde über die Jahrhunderte hinweg immer geblieben: Noch im Bombenhagel des Zweiten Weltkriegs schrieb man den Schutz Bambergs vor feindlichen Luftangriffen dem »Schleier der Kunigunde«, dem Nebel, zu. Große Ausstellungen zum Thema Heinrich und Kunigunde – wie zuletzt die bayerische Landesausstellung von 2002 oder diverse Schauen des Diözesanmuseums Bamberg – bewegten bis in die jüngste Vergangenheit hinein Tausende von Besuchern, sich mit den Heiligen aus ferner Zeit auseinanderzusetzen. Eine Reihe begleitender Publikationen durchleuchtete verschiedene Aspekte ihrer Politik, ihrer Frömmigkeitspraxis und ihrer Erinnerungskultur. Mit seiner Biografie »Heinrich II. Herrscher am Ende der Zeiten« legte Stefan Weinfurter 1999 ein grundlegendes Werk zum letzten Kaiser aus dem Hause der Ottonen vor, während Ingrid Baumgärtner »Kunigunde – eine Kaiserin an der Jahrtausendwende« 1997 dem Vergessen entriss und damit ein neues Interesse an der mittelalterlichen Herrscherin auslöste, die mit der Paderborner Ausstellung anlässlich des Jahrestags ihrer Krönung 2002 einen weiteren Schub erhielt.

Stifter – Kaiser – Heilige: Heinrich und Kunigunde sind auch im Abstand eines Millenniums ein erstaunlich präsentes

Paar. Ihre Faszination besteht nicht zuletzt darin, dass sie als »politische Heilige« im Spannungsfeld zwischen Macht und religiösem Ethos ihren eigenen Weg hin zur Erfüllung suchten. Nur der Kontemplation und dem religiösen Seelenfrieden konnten sie sich nicht hingeben, schließlich standen sie an der Spitze der sozialen Hierarchie, lenkten als Reichsoberhäupter die Politik, waren mit Konflikten, Gewalt und Krieg konfrontiert. Wie konnten sie unter diesen Umständen ihre christlichen Ideale leben? Die Deutung ihres Lebenswerkes fällt zwangsläufig ambivalent aus; dennoch überwogen in der Rückschau die positiven Aspekte.

1 Berufen zur Herrschaft: Heinrich und seine Ahnen

EINE STREITSÜCHTIGE FAMILIE: DAS HERRSCHERHAUS DER OTTONEN

Zum Herrschen fühlte sich Heinrich II. von Kindesbeinen an berufen, obwohl seiner Familie – einer Nebenlinie des ottonischen Herrscherhauses – stets das Quäntchen Glück gefehlt hatte, die begehrte Königs- und Kaiserkrone zu ergattern. Wie so häufig bei Familienzwisten ging es auch hier ums Erbe und um die Frage, wer das größte Stück vom Kuchen abbekam. Heinrich I. (reg. 919–936), der erste Vertreter der sächsischen Liudolfinger auf dem Königsthron, hatte die Gepflogenheit eingeführt, die Krone jeweils an den erstgeborenen Sohn weiterzugeben – sodass in der Vater-Sohn-Folge nacheinander Otto der Große (reg. 936–973), Otto II. (reg. 973–983) und Otto III. (reg. 983–1002) an die Macht kamen. Die jüngere Linie der neuen Königsdynastie, zurückgehend auf den jüngeren Bruder Ottos des Großen mit dem Leitnamen Heinrich, war dabei stets leer ausgegangen, was bei diesem Teil der Verwandtschaft für Verdruss und viel Erbitterung sorgte.

Schon Otto der Große hatte seine liebe Not mit dem rebellischen Bruder. Zweimal griff der sich benachteiligt wähnende Heinrich mit Gewalt nach der Königskrone und brachte Otto I. damit in echte Bedrängnis. Nur mit Mühe und Not konnte dieser dem bewaffneten Aufstand seines jugendlichen Widersachers Herr werden und in den Schlachten von Birten bei Xanten und Andernach 939 seine Krone retten. Wenig später sah er sich einem erneuten Mordkomplott seines jüngeren Bruders ausgesetzt, bevor dieser sich an Weihnachten 941 im Büßergewand in der Pfalz von Frankfurt endlich zu seinen Füßen warf.

Danach suchte und fand die gespaltene Familie einen Kompromiss: der rebellische Heinrich, verheiratet mit Judith, einer Tochter des Bayernherzogs Arnulf, bekam nach

Freiwerden des Herzogtums Bayern durch den Tod von Judiths Onkel Berthold 948 dasselbe übertragen. Das war eine ordentliche Kompensation für die entgangene Königskrone, besaßen die Herzöge von Bayern doch traditionell eine starke Stellung und konnten in ihrem Herrschaftsbereich weitestgehend schalten und walten, wie ihnen beliebte. Mit Regensburg erhielt Heinrich zudem eine glanzvolle Metropole, die schon unter Karl dem Großen und dessen Nachfolgern große Bedeutung als Residenz und Zentralort königlicher Macht besessen hatte. Dort durfte er sich fühlen wie ein ungekrönter König. Zu diesem ansehnlichen bayerischen Besitz bekam Heinrich 950 noch die Oberhoheit über Böhmen und 952 die Markgrafschaften Verona, Friaul und Istrien übertragen. Damit war der Grundstein für eine stattliche, über die Alpen bis zur Adria ausgreifende Herrschaft gelegt. Beklagen konnte er sich eigentlich nicht. Doch das zügelte keineswegs die Ambitionen der ehrgeizigen »Heinriche« – ganz im Gegenteil.

Auch Heinrichs Sohn und Nachfolger Heinrich der Zänker (reg. 955–995), der Vater des späteren Kaisers Heinrich II., wollte sich nicht mit Bayern begnügen. Verheiratet mit der burgundischen Königstochter Gisela, fühlte er sich durchaus berufen, eine Königskrone zu tragen. Nach dem Thronwechsel von Otto dem Großen zu Otto II. verbündete er sich mit den Herzögen von Polen und Böhmen und probte den Aufstand. Allerdings wurde er noch 974 gefangengenommen und in Ingelheim festgesetzt. 976 gelang ihm die Flucht, doch scheiterte auch sein zweiter Versuch, eine Revolte anzuzetteln. Noch im selben Jahr musste Heinrich der Zänker an den Hof des Böhmenherzogs ausweichen, während Otto II. in seine bayerische Hauptstadt Regensburg einzog. Danach ereilte ihn die maximale Katastrophe: Otto II. entzog ihm das bayerische Herzogtum und vergab es in verkleinertem Zuschnitt neu an andere Gefolgsleute. Die Markgrafschaften Verona und Friaul wurden zusammen mit Kärnten gar zu einem gänzlich neugeschaffenen Herzogtum Kärnten zusammengefügt und vergeben. Heinrich der Zänker stand land- und machtlos völlig im

In Regensburg schlug das Herz des bayerischen Herzogtums in früh- und hochmittelalterlicher Zeit. Die Gründung des Bistums ging auf den Missionsbischof und »Apostel der Deutschen" Bonifatius zurück. Ein erster Dombau ist für das 8. Jh. überliefert.

Abseits. Von Böhmen aus setzte er alle Hebel in Bewegung, um seine Machtbasis zurückzuerobern. Schwere Kämpfe tobten. 978 unterlag er erneut Otto II., wurde durch ein kaiserliches Gericht verurteilt und in Utrecht bei Bischof Folkmar auf unbestimmte Zeit in Haft gegeben.

Erst der frühe Tod Ottos II. 983 erlöste den Zänker aus diesem Unglück. Noch einmal setzte er alles auf eine Karte, als er den erst dreijährigen Otto III., der bereits zum König gesalbt war, mit Verweis auf seine Vormundschaftsrechte in seine Hand brachte, sich kurz darauf aber in Quedlinburg selbst zum König ausriefen ließ. Wiederum hatte er die Herzöge von Polen und Böhmen als Verbündete mit ins Boot geholt, ebenso den Obodritenfürsten Mitsui und König Lothar von Frankreich sowie etliche einheimische Große, denen die Herrschaft eines minderjährigen Königs zu unsicher erschien. Doch erneut zog er den Kürzeren, weil die Kaiserinnen Theophanu und Adelheid, Mutter und Großmutter Ottos III., im Bunde

Die Metropole des bayerischen Herzogtums: Regensburg

Unbestrittener Mittelpunkt des bayerischen Herzogtums war die aus dem römischen Legionslager Castra Regina (gegründet 179 n. Chr.) hervorgegangene Donaustadt Regensburg. Schon im Frühmittelalter hatten die ersten, von den Frankenkönigen eingesetzten Herzöge aus dem Geschlecht der Agilolfinger den Schutz der festen Legionsmauern gesucht und den Ort zu ihrer Residenz gemacht. 739 vom Missionsbischof Bonifatius zum Bischofssitz erhoben, verlor Regensburg selbst nach der Entmachtung des Agilolfingerhauses durch Karl den Großen durch einen Hochverratsprozess gegen Tassilo III. 788 nicht seine Bedeutung. Es blieb ein gewichtiges Zentrum des ostfränkischen Reiches auch unter den letzten karolingischen Königen, die hier eigene Pfalzbauten unterhielten.

Regensburg wird in den Quellen als »urbs regia«, königliche Stadt, bezeichnet. Entsprechend fiel seine bauliche Verschönerung aus: Immer mehr repräsentative Steinbauten wuchsen in die Höhe. Es entstanden die von den Königen genutzten Pfalzgebäude am Alten Kornmarkt und bei St. Emmeram, die Alte Kapelle als Pfalzkapelle und das Damenstift Niedermünster, das als Grablege besonders stark mit dem Herzogshaus verbunden war.

Im Schutz der Mauern blühten ebenso Handel und Wirtschaft. Die günstig an der Donau sowie am Schnittpunkt mehrerer Königs- und Heerstraßen gelegene Stadt entwickelte sich allmählich zur Fernhandelsmetropole. Regensburger Kaufleute stießen nach Kiew und Russland vor, erreichten über Donau und Inn den Alpenraum und Italien. Die Anwesenheit jüdischer Fernhändler ist seit 981 belegt. Ein Händlerviertel mit Markt und ein rege besuchter Donauhafen entstanden. Der Bayernherzog Arnulf (reg. 907–937) umfasste das vor der Römermauer gelegene, lebendige neue Viertel

mit seinen Wohn- und Stapelhäusern aus Holz um 920 mit einer großen Befestigungsanlage, um es vor Angriffen zu schützen.
Dass man sich in Regensburg am »Nabel der Macht« wähnte, bewiesen die vielen Stadthöfe, die hochrangige bayerische Bischöfe, Äbte und Adlige hier unterhielten, um Zugang zum Herzogshof zu bekommen.
Zentraler kirchlicher Mittelpunkt Regensburgs war der noch vor Mitte des 9. Jhs. neu errichtete karolingische Dom mit dem angrenzenden Bischofshof an der Porta Praetoria sowie der Taufkirche St. Johannes. Die Damenstifte Ober- und Niedermünster ergänzten das sakrale Ensemble.
In der Kirche von Niedermünster in unmittelbarer Nähe zur Herzogs- und Königspfalz fand Herzog Heinrich I. seine letzte Ruhe, sodass sich an diesem Ort das offizielle Gebetsgedenken an die ottonische Heinrichslinie konzentrierte. Heinrichs Witwe Judith trat in das Damenstift ein und übernahm dessen Leitung.
Vor den Toren der einstigen Römermauer entstand als zweites großes geistliches Zentrum das Benediktinerkloster St. Emmeram, das schon im 8. Jh. über dem Grab des als Märtyrer verehrten fränkischen Wanderbischofs Emmeram gegründet worden war. Kaiser Arnulf von Kärnten (reg. 887–899) hatte Emmeram zum Patron des ostfränkischen Reiches gemacht und seine Pfalz hierher verlegt, um dem Heiligen möglichst nahe zu sein.
Über ein Jahrtausend lang entfaltete das Kloster St. Emmeram seine geistige und kulturelle Strahlkraft auf vielen Gebieten: in der Theologie, Philosophie, Mathematik oder Kunst. Reorganisiert durch den Reformabt Ramwold erreichte es im 11. Jh. seine erste Blüte. In seinem Skriptorium entstanden Meisterwerke der Buchmalerei; die Bibliothek galt als eine der am besten ausgestatteten ihrer Zeit.

mit hochrangigen Bischöfen und Adligen unnachgiebig auf die Herausgabe des königlichen Kindes bestanden.

Um eine militärische Auseinandersetzung zu vermeiden, einigte man sich erneut auf einen Kompromiss: Heinrich der Zänker bekam nach einer förmlichen Unterwerfung 985 in Frankfurt sein bayerisches Herzogtum zurück. Die Familie wollte angesichts des minderjährigen Kindkönigs eine tragfähige Lösung. Einige Jahre später fielen auch das Herzogtum Kärnten sowie die Markgrafschaften Verona und Friaul an Heinrich zurück, womit er den Status quo vor seinen Streitereien wieder erreicht hatte.

Bis zu seinem Tod 995 hielt der zänkische Herzog seine Füße still, zeigte sich Otto III. gegenüber loyal und widmete sich ganz der Verwaltung Bayerns. Ob er damit zufrieden war, ist ungewiss. Der Spott seiner Umgebung dürfte ihn jedenfalls hart getroffen haben: »Herzog Heinrich wollt' regieren, Gott der Herr wollt's leider nicht!«, sang man recht boshaft im ganzen Land. Heinrich hatte hoch gepokert und nichts gewonnen – eine schwärende Wunde im Herzen seines Familienverbandes hinterlassend.

REICH OHNE VERFASSUNG: WIE KÜRT MAN EINEN KÖNIG?

Man darf es den bayerischen Herzögen andererseits nicht verdenken, dass sie immer wieder nach der Königskrone griffen. Heinrich der Zänker erhielt seinen schnöden Beinamen erst in viel späterer Zeit durch den Historiker Aventinus (1477–1534). Im 10. Jh., als es noch kein geregeltes Verfahren zur Königserhebung gab, erschienen seine Ansprüche keineswegs aus der Luft gegriffen und er selbst nicht zänkischer als andere hochrangige Adlige. Die Karolinger hatten ihr Imperium traditionell geteilt, um alle Söhne an Erbe und Herrschaft zu beteiligen. Jeder als legitim anerkannte Königssohn erhielt ein eigenes Königreich. Doch die ständigen Teilungen und inneren Fehden sowie der Zerfall einer starken Zentralmacht hatten das Frankenreich am Ausgang des 9. Jhs. geschwächt und gegenüber äußeren Feinden unflexibel gemacht. In den einzelnen Teilreichen strebten immer stärker hochrangige, bislang nichtkönigliche Adelsfamilien zur Macht, die sich in der Gefahrenabwehr bewährt hatten. Im West- wie im Ostfrankenreich, in Burgund und Italien stiegen Angehörige des hohen Reichsadels zum Königtum auf, während sich eine Ebene darunter neue Mittelgewalten etablierten, die Herzogtümer, in denen ebenfalls neue Familien zur Macht kamen. In Bayern waren dies seit 896 die Liutpoldinger.

Als 911 der letzte ostfränkische Karolinger Ludwig das Kind starb, wählten Vertreter der Stämme der Franken, Sachsen, Schwaben und Bayern in Forchheim daher erstmals einen Nicht-Karolinger, wenn auch einen engen Mitarbeiter der letzten karolingischen Administration, zum König: den Franken Konrad I. (reg. 911–918). Über die genauen Wahlvorgänge und den Wahlakt ist nichts bekannt, doch gab es vor der Zusammenkunft in Forchheim ausführliche Gespräche, da man auch dem Herzog von Sachsen, Otto dem Erlauchten, zunächst die Krone anbot, der aber aus Altersgründen abwinkte.

Da Konrad keine glückliche Hand gegenüber den selbstbewusst auftretenden Stammesherzögen bewies, konnte er bei seinem Tod die Krone nicht in seiner eigenen Familie halten. Eine Dynastiebildung blieb aus. Er designierte aus Einsicht in die Machtverhältnisse nun doch den stärksten Mann im Land, den Herzog von Sachsen, zu seinem Nachfolger. Hinsichtlich der (ostfränkischen) Königskrone zog damit die sächsische Adelsfamilie der Liudolfinger das große Los. 919 kürten Franken und Sachsen auf einer Versammlung in Fritzlar Heinrich I., den Sohn Ottos des Erlauchten, zum König.

Er war klug genug, sich seine allgemeine Anerkennung durch weitreichende Zugeständnisse an die Herzöge von Schwaben und Bayern zu verschaffen und überhaupt eine einigermaßen gedeihliche Zusammenarbeit sicherzustellen. Um die Macht für sein Haus aber langfristig zu erhalten, musste sich Heinrich etwas einfallen lassen. Zehn Jahre nach seiner Königswahl entschloss er sich zu einer unkonventionellen Regelung seiner Nachfolge: Er brach mit der karolingischen Teilungstradition und bestimmte mit seiner Hausordnung (929) noch zu Lebzeiten allein seinen ältesten Sohn Otto den Großen zum Thronerben. Der Gedanke an die Unteilbarkeit des Reiches und die Nachfolge allein durch den ältesten Sohn (Primogenitur) bedeutete einen Bruch der bisherigen Erbfolgeordnung. Heinrich erlangte für seine Nachfolgeregelung dennoch die Zustimmung der Herzöge, sodass Otto der Große nach dem Tod des Vaters 936 reibungslos in die Herrschaft eintreten konnte und in Aachen zum König ausgerufen wurde.

Erkennbar sind unterschiedliche Elemente, die für eine Königserhebung im 10. Jh. ausschlaggebend waren: Erbrecht bzw. Designation durch den Vorgänger, Zustimmung bzw. Wahl durch die hochrangigen Vertreter der Stämme sowie gegebenenfalls die Krönung und Salbung durch die Kirche, die jedoch nicht in jedem Fall eingeholt wurde – wie das Beispiel Heinrichs I. beweist, der eine Salbung durch den Erzbischof von Mainz ausdrücklich ablehnte, um die eigenwilligen Herzöge nicht zu »verprellen«.

Andere Vorstellungen von der Weitergabe des Erbes und der Macht blieben jedoch daneben gültig. Schon die Vater-Sohn-Folge erschien angesichts karolingischer Traditionen nicht festgefügt. Anwartschaften auf das Erbe konnten zu fränkischer Zeit genauso gut die Brüder oder andere männliche Verwandte eines Erblassers stellen, wenn sie eine höhere Autorität oder eine stärkere Machtposition genossen als nähere, aber womöglich jüngere oder bedeutungslosere Verwandte. Ebenso unüblich war die Begünstigung allein des ältesten Sohnes. So konnte der jüngere, in der Hausordnung übergangene Heinrich, der obendrein der Liebling seiner Mutter Mathilde war, geltend machen, dass er »auf dem königlichen Thron« geboren worden sei – also zu einem Zeitpunkt, als sein Vater bereits König geworden war, während Otto der Große noch als Sohn des Sachsenherzogs das Licht der Welt erblickt hatte. Dieses Argument war nicht von der Hand zu weisen, denn auch im oströmischen Byzanz nahm man die Unterscheidung vor, ob jemand »purpurgeboren« war oder nicht. Das Alter allein begründete keinen Vorrang. So fanden die jüngeren Heinriche, gut vernetzt in der eigenen Familie wie im Hochadel, stets genügend Anhang, um für die Krone zu kämpfen.

Zuspitzung erfuhr das Nachfolgeproblem noch durch den wachsenden Einfluss der Kirche, die für sich seit Beginn der karolingischen Herrschaft in Anspruch nahm, den Thronkandidaten in einem liturgischen Akt zu salben und zu krönen. Otto der Große hatte sich 936 mit großem Pomp in Aachen, der Stadt des legendären Kaisers Karl dem Großen, unter Mitwirkung der Erzbischöfe von Mainz und Köln zum König erheben lassen: Nach der Huldigung durch die weltlichen Großen im Säulenvorhof der karolingischen Basilika war er vom Erzbischof von Mainz in die Kirche geleitet und dort am Altar von diesem unter Mitwirkung des Kölner Erzbischofs gesalbt, gekrönt und mit den königlichen Insignien ausgezeichnet worden. Anschließend hatten ihn die Bischöfe in den oberen Umgang der Kirche geleitet, wo Otto sich auf den Thron Karls des Großen setzte. Damit war er der von Gott erkorene, vom Vater bestimmte und von allen Fürsten gewählte und akzeptierte König des Reiches. Erbrecht, Wahlrecht und Gottesgnadentum erschienen hier ineinander verschränkt. Diese allumfassende Zustimmung konnte verständlicherweise nur ein Thronkandidat auf sich vereinen. Der sakrale Akt der Königssalbung war nur einem Erben und Nachfolger vorbehalten, der damit in eine sakrale, geheiligte Aura eintrat. Sie schloss gezwungenermaßen alle anderen Anwärter aus. Dies zeigte sich überdeutlich beim anschließenden Krönungsmahl in der Aachener Pfalz, als sich die hochrangigen Herzöge dem neuen König unterordnen und ihm an der Tafel aufwarten mussten. Der bayerische Herzog Arnulf aus dem Hause der Liutpoldinger versah dabei den Marschalldienst.

Neben der Frage, welcher Sohn dem Vater in der Herrschaft folgen sollte, blieben im 10. Jh. noch weitere strittige Punkte zu klären: Wie weit reichte das Wahlrecht der Fürsten? Gab die Designation des Vaters den Ausschlag über die Königswürde oder war es nicht eher die Wahl und Huldigung durch die Großen des Reiches? Musste der Königskandidat immer aus derselben Familie stammen oder konnten auch andere Adelssippen zum Zuge kommen? Wer übte die Vormundschaft aus, wenn unmündige Kandidaten auf den Thron kamen? War es nicht sinnvoller, den nächsten männlichen Verwandten zum König zu küren, als einem Minderjährigen den Thron zu überlassen?

Mangels einer schriftlichen Verfassung wurden diese Fragen noch sehr lange je nach Machtlage entschieden. Persönliche Durchsetzungsfähigkeit des Thronaspiranten, politische Allianzen und Familienbündnisse, die Haltung der wichtigsten Reichsbischöfe und nicht zuletzt eine Prise Glück entschieden darüber, wer das Rennen um den Thron für sich entscheiden konnte. Erst mit der Goldenen Bulle (1356) wurde das Verfahren zur Königswahl verbindlich geregelt: Der in Frankfurt durch Mehrheitsbeschluss der Kurfürsten gewählte und in Aachen gekrönte Kandidat galt demnach als legitimer König. Der Kreis der wahlberechtigten Kurfürsten wurde festgelegt auf drei geistliche (Erzbischöfe von Mainz, Köln und Trier) und vier weltliche Fürsten (König von Böhmen, Pfalzgraf bei Rhein, Herzog von Sachsen, Markgraf von Brandenburg). Doch bis zu dieser endgültigen Regelung war es noch ein langer Weg.

HEINRICHS KINDHEIT IN UNRUHIGER ZEIT

Über die ersten Lebensjahre des späteren Kaisers Heinrich II. ist wenig bekannt. Als Geburtsdatum wird gemeinhin der 6. Mai 973 (gelegentlich 978) angenommen, der aus Bamberger Überlieferungen zu erschließen ist und der sich, wie die Forschung gezeigt hat, am besten in das innerfamiliäre Zeittableau einfügt. Damit wäre Heinrich einen Tag vor dem Tod seines Großonkels Otto des Großen geboren worden – just zu einem Zeitpunkt, da die Auseinandersetzungen um die Thronfolge begannen. Heinrich war der erstgeborene Sohn des »Zänkers« und seiner Gattin Gisela von Burgund und entstammte damit jener Seitenlinie der Ottonen, die sich bereits seit zwei Generationen um den Königsthron betrogen fühlte. Sein Großvater, der Bruder Ottos des Großen, hatte einst 948 als Kompensation das Herzogtum Bayern erhalten. Der Kon-

Heinrichs gleichnamiger Vater ging als streitbarer Mann in die Geschichte ein. Doch er zeigte auch großes Interesse an der Klosterreform – in dieser Handschrift aus dem Kloster St. Emmeram trägt er sogar einen Heiligenschein. Erst spätere Geschichtsschreiber gaben ihm den Beinamen »der Zänker«.

flikt entwickelte sich praktisch zur »Familientradition«: In seiner frühen Kindheitsphase erlebte der kleine Herzogssohn mit, wie sein Vater, der »Zänker, gerade gegen seinen Cousin Otto II. kämpfte und Jahre in Haft und Exil fern seiner Familie verbrachte. Zehn Jahre lang schien die Zukunft der Herzogsfamilie ungewiss.

Wie das Geburtsjahr ist auch der genaue Geburtsort Heinrichs nicht eindeutig überliefert, er dürfte aber in Bayern gelegen haben, vielleicht in Bad Abbach in der Nähe von Regensburg, wie der bayerische Hofhistoriograf Aventinus im 16. Jh. berichtet.

Früh kam das Kind in die Obhut Bischof Abrahams von Freising (957–993/94), der in engem Kontakt zum Herzogshaus stand und einst schon die Erziehung Heinrichs des Zänkers geleitet hatte. Spätere Stationen in Heinrichs Erziehung waren die Domschule von Hildesheim und ab 985 das heimatliche Regensburg, wo der bedeutende Bischof Wolfgang (972–994) sein Lehrer wurde. Auffallend ist, dass Heinrich eine höchstsorgfältige und anspruchsvolle Bildung an den besten Schulen seiner Zeit genoss, ganz so, als ob er auf die geistliche Laufbahn vorbereitet worden wäre. Vielleicht mag die unsichere politische Lage die Eltern dazu bewogen haben, für den Sohn auf eine »zweite Karriere« zu setzen, falls das bayerische Herzogtum auf Dauer nicht zu halten gewesen wäre.

Geschadet hat Heinrich seine gute Ausbildung gewiss nicht, bekam er dabei doch tiefen Einblick in die »Fachwissenschaften« seiner Zeit: Rhetorik, Grammatik, kanonisches Recht, vor allem aber Theologie und die sich daran anknüpfenden kirchlichen Reformdebatten. Die Frage nach der rechten, von Gott gewollten Lebensführung und ihrer Verwirklichung auf Erden sollte ihn als König und Kaiser noch ein Leben lang beschäftigen. Zu seinem prägenden Mentor und Vertrauensmann der Regensburger Zeit wurde der hochgelehrte und an bedeutenden Klosterschulen ausgebildete Bischof Wolfgang, der gleichzeitig ein begeisterter Anhänger der vom Kloster Gorze (bei Metz) ausgehenden Klosterreform war: Mit der einheitlichen Beachtung der benediktinischen

Ordensregel, die seit dem Aachener Konzil von 816 an sich für alle Klöster im karolingischen Reich verbindlich galt, war es nicht weit her. Die Regula Benedicti, wie sie der hl. Benedikt von Nursia einst im 6. Jh. verfasst und Benedikt von Aniane im 9. Jh. konkretisiert hatte, erfuhr in den Klöstern unterschiedliche Auslegungen. Jede Klostergemeinschaft verfolgte eigene Gepflogenheiten *(consuetudines)* in Tagesablauf, Bekleidungs- und Speisevorgaben oder liturgischen Gewohnheiten – der Niedergang des karolingischen Reiches hatte diese Entwicklung zusätzlich befördert. Sie wurde inzwischen als Missstand betrachtet.

Als Bischof bemühte sich Wolfgang mit besonderem Engagement um die Vereinheitlichung der monastischen Lebensweise nach dem Vorbild der lothringischen Klöster und um die Einführung einer strengeren Disziplin. Ein Kernanliegen der Reform bestand darin, die Klosterinsassen zu einem asketischeren Leben zu verpflichten und die Klöster von weltlichen Einflüssen, worunter auch die Zugriffsrechte adliger Laien verstanden wurden, möglichst zu lösen. Lockere Klosterverbände sollten dagegen den inneren Zusammenhalt stärken helfen. Wolfgang hoffte, die von ihm beaufsichtigten Klöster in Regensburg, darunter die Frauenstifte Obermünster und Niedermünster, im Sinne der Reform umgestalten zu können, stieß dabei aber auf Widerstände. Die hochadligen Stiftsdamen von Ober- und Niedermünster, die keine ewigen Gelübde ablegen und in Klausur leben mussten, weigerten sich, ihre gewohnten Freiheiten aufzugeben. Herzogin-Witwe Judith, die höchstpersönlich als Äbtissin von Niedermünster amtierte, verhinderte bis zu ihrem Tod 986 jede Reformmaßnahme.

Hinsichtlich des Klosters St. Emmeram fiel der Widerstand zunächst ebenfalls hartnäckig aus. Das Domkapitel wollte Wolfgang nicht folgen, als er das Kloster vom Bistum löste und die bislang bestehende Personalunion zwischen Bischof und Abt aufhob. Das Kloster fürchtete um seinen politischen Einfluss, wenn es einen eigenen Leiter bekommen und der Bischof allein eine gewichtige Rolle in der Reichskirche spielen würde. Doch Wolfgang setzte sich durch und berief seinen

Bischof Wolfgang von Regensburg: Ein Heiliger aus Schwaben

Der später so bedeutende Regensburger Bischof wurde eigentlich in Schwaben geboren. Vermutlich in Pfullingen bei Reutlingen am Fuße der Schwäbischen Alb erblickte er um 924 als Sohn einfacher, wohl nicht-adliger Eltern das Licht der Welt. Das begabte und lerneifrige Kind besuchte zunächst die Klosterschule der Bodensee-Insel Reichenau, bevor es später an die Domschule in Würzburg wechselte. 956 folgte Wolfgang seinem ehemaligen Würzburger Mitschüler und neuem Trierer Erzbischof Heinrich in die Moselstadt, wo er in dessen Auftrag die Leitung der dortigen Domschule übernahm und als Domdekan wirkte. In dieser Eigenschaft setzte er sich für eine Reform des Domkapitels ein. Nach dem Tod Heinrichs trat Wolfgang als Mönch in das Kloster Einsiedeln ein und wurde dort von Bischof Ulrich von Augsburg, dem Helden der Lechfeldschlacht (955), 968 zum Priester geweiht. Für kurze Zeit wirkte er als Missionar im ungarischen Donauraum, wurde jedoch bald an anderer Stelle gebraucht und 972 zum Bischof von Regensburg geweiht. Hier entfaltete er seine Talente. Die Domschule mit Chor, Keimzelle der späteren Regensburger Domspatzen, ging auf seine Initiative zurück. Zudem unterwarf er die von ihm beaufsichtigten Klöster einer strengen Reform und berief für St. Emmeram mit Abt Ramwold einen fähigen Reformer. Weitsichtig stimmte er der Gründung des Bistums Prag (973) zu und trat dafür die böhmischen Gebiete seines Bistums ab.

Während der Auseinandersetzungen zwischen Heinrich dem Zänker und Kaiser Otto II. unterstützte er die regierenden Ottonen und wich für einige Zeit in die Besitzungen seines Bistums im Salzkammergut aus, vermutlich ins Kloster Mondsee, das damals ein Regensburger Eigenkloster war. Erst nach der Aussöhnung Heinrichs mit seiner Familie kehrte auch Wolfgang nach Regensburg zurück und übernahm die Erziehung der Herzogskinder Heinrich und Gisela. Die spätere Legendenbildung verklärte die Zeit Wolfgangs in seinem unfreiwilligen Exil in Oberösterreich. Am Abersee, dem heutigen Wolfgangsee, soll er als Einsiedler völlig abgeschieden gelebt und auf dem Falkenstein eine Klause errichtet haben. Die Wallfahrtskapelle Falkenstein sowie der Ort St. Wolfgang am Wolfgangsee, beide im Spätmittelalter hochbedeutende Wallfahrtsorte, erinnern noch heute an den mönchischen Asketen. Bis zu seinem Lebensende 994 wirkte Wolfgang jedoch als Bischof von Regensburg. Er starb auf einer Reise zu seinen weit entfernt liegenden Bistumsgebieten in Pupping bei Linz (Oberösterreich), wurde aber in St. Emmeram beigesetzt. Rasch wurde der beliebte Bischof vom Volk wegen seiner Frömmigkeit, Bescheidenheit und Predigttätigkeit verehrt und 1052 heiliggesprochen. Er gilt als Patron Bayerns und als Hauptpatron der Diözese Regensburg.

Freund Ramwold aus dem Trierer Kloster St. Maximin, das sich bereits der Gorzer Reform angeschlossen hatte, zum neuen Leiter von St. Emmeram. Ein Glücksgriff, denn unter dem hochbetagten Abt setzte das Kloster zu einer ungeahnten Blüte an – beispielgebend für Bildung, Kunst und Disziplin. Ramwold stockte die Bibliothek auf 513 Handschriften auf, restaurierte den bedeutenden Codex Aureus aus der Hofschule Karls des Kahlen und machte diesen zum Ausgangspunkt für das Schaffen seiner eigenen Schreibschule. Die Klosterkirche erhielt unter ihm eine neue Ringkrypta. Viele andere bayerische Klöster wie Seeon, Tegernsee oder Münsterschwarzach orientierten sich am Vorbild St. Emmerams und holten ihre Äbte aus diesem Kloster. Zu dem ehrwürdigen Emmeramer Abt pflegte auch der junge Heinrich enge Beziehungen. Er fühlte sich ihm persönlich so verbunden, dass er bei seiner Beerdigung im Jahr 1000 dessen Sarg auf seinen eigenen Schultern trug und den Schlüssel zu seinem Grab immer bei sich trug. So startete Heinrich tief erfüllt von den kirchlichen Idealen in sein politisches Leben.

Schon mit 22 Jahren musste sich Heinrich nach dem Tod seines Vaters seiner neuen Verantwortung als Herzog stellen. Seine zwei jüngeren Geschwister Brun und Gisela waren ganz in der Tradition ottonischer Familienpolitik in seine Herrschaftskonzeption miteingebunden: Den etwa zwei Jahre jüngeren Brun holte er 1005 als Kanzler an seinen Königshof und übertrug ihm ein Jahr später das wichtige Bistum Augsburg. Dabei war das brüderliche Verhältnis nicht immer gut gewesen: Brun hatte anfangs die Gegner von Heinrichs Königserhebung unterstützt und lebte wegen dieses Zerwürfnisses eine ganze Weile bei seiner Schwester Gisela am ungarischen Hof. Danach unterstützte er jedoch seinen königlichen Bruder und versah bis zu seinem Tod 1029 die wichtigen Positionen des Kanzlers und des Bischofs von Augsburg.

Die deutlich jüngere Gisela, geboren um 984/985, wurde noch als Kind dem späteren Ungarnkönig Stephan I. (reg. 1000–1038) zur Frau gegeben. An der Seite Stephans, des ersten christlichen Ungarnkönigs, bemühte sie sich um die Christianisierung der heidnischen und lange die Reichsgrenzen beunruhigenden Magyaren und trug somit zur Befriedung der Lage im Reich bei. In Veszprém stiftete sie die erste Bischofskirche. Nach dem Tod ihres Gatten kehrte sie nach Bayern zurück und wirkte bis zu ihrem Tod 1060 als Äbtissin des Klosters Niedernburg in Passau. Im Andenken an ihre verstorbene Mutter stiftete sie für das Kloster Niedermünster in Regensburg das mit Edelsteinen übersäte sogenannte Giselakreuz, das sie gemeinsam mit ihrer Mutter zu Füßen Christi zeigt. Gisela wird heute als Selige verehrt.

2 Regieren wie ein König: Herrschaftspraxis in Bayern

REGIERUNGSWECHSEL IN BAYERN

Heinrich der Zänker hatte seinen Sohn noch zu Lebzeiten an die Herrschaft herangeführt. Im November 994 wird der junge Heinrich in einer Urkunde erstmals neben seinem Vater als *»condux«*, als Mitherzog, genannt. Auch auf einem Hoftag Ottos III. im August 995 in Magdeburg erschienen Vater und Sohn gemeinsam, ging es doch um die wichtige Neubesetzung des Regensburger Bischofsstuhls nach dem Tod Wolfgangs. Vom Vater in die Regierungspraxis eingeführt und von den bayerischen Großen akzeptiert, vollzog sich nach dem überraschenden Tod Heinrichs des Zänkers am 28. August 995 im Stift Gandersheim bei seiner Schwester, der Äbtissin Gerberga, der Wechsel im Herzogsamt ziemlich reibungslos. Schon wenige Wochen später erteilten die bayerischen Großen offiziell ihre Zustimmung zur Nachfolge, und Heinrich erhielt die königliche Bestätigung für sein Amt. Heinrich – in der bayerischen Herzogszählung der IV. – war zu diesem Zeitpunkt bereits angesehen und geachtet: »An Eifer und Scharfsinn dem Vater ähnlich, glänzte er in der Blüte des Mannesalters in jeglichem Schmuck feinster Bildung«, rühmte ihn der zeitgenössische Geschichtsschreiber Wolfher in seiner »Vita Godehardi«.

Sehr rasch berief der neue Herzog einen Hoftag in Regensburg ein, um seine Kirchenpolitik voranzutreiben. Es ging um eine Neubesetzung der Abtstelle im Kloster Niederaltaich in Niederbayern, für die Heinrich eigenmächtig nach Entlassung des amtierenden Abtes den Kirchenreformer Godehard (später bekannt als Gotthard) durchstach. Der einfache Mönch war Heinrichs adäquater Kandidat, weil er Anhänger der Gorzer Reform war. 996 trat dieser sein Amt in Niederaltaich an, brachte das Kloster auf Vordermann, löste es aus der Aufsicht des Bischofs von Eichstätt und reformierte anschließend mit gleicher Energie Tegernsee, Hersfeld und Kremsmünster, bevor er 1022 den Bischofsstuhl von Hildesheim bestieg. Heinrichs personalpolitische Rechnung ging auf, Godehard wurde zu einem seiner engsten Vertrauten und Mitarbeiter. Doch der sehr selbstständige Eingriff in die Abtwahl brachte ihm andererseits Kritik ein – nicht zuletzt von Godehard selbst: Von einer freien Abtwahl, wie sie in der Benediktsregel vorgesehen war, ließ sich unter diesem starken Herzog nur träumen. Er hatte andere Ziele im Sinn: innere Erneuerung des Klosterlebens durch strenge Regelbeachtung und äußere Unabhängigkeit des Klosters von adligen und bischöflichen Einflussnahmen. Die Ausrichtung der bayerischen Klosterreform übernahm Heinrich später als König auch für das Reich.

Heinrich machte vom Beginn seiner Herrschaft in Bayern an klar, wer Koch und Kellner war. Dabei konnte er sich auf die Errungenschaften seiner Vorgänger stützen, die ihre Macht im Süden des Reiches fast königgleich ausgebaut hatten. Das begann schon unter dem Liutpoldinger Herzog Arnulf (907–937), der sich einst für die Anerkennung König Heinrichs I. als Reichsoberhaupt eine besondere Machtfülle in Bayern ausgehandelt und sich ehemals königliche Rechte angeeignet hatte. Dazu zählten die Münzprägung, die Verfügung über das Königsgut samt der Pfalzen und die Kirchenhoheit mit dem Recht zur Bischofseinsetzung und dem Abhalten von Synoden. Die stets unruhigen beiden »Heinriche« hatten es ebenso gut verstanden, als Kom-

Heinrich II. machte den aus niederem Adel stammenden Mönch Godehard zum Abt des renommierten Klosters Niederaltaich. Die Krümme seines Abtstabes aus Walrosszahn zeigt eine Weinrebe. 1022 übernahm Godehard als Bischof das Bistum Hildesheim.

pensation für Thronverzicht und Akzeptanz des regierenden Herrscherhauses ihre bayerische Stellung auszubauen. Wie kleine Könige agierten sie daher in Bayern – dominierten sowohl die Kirche als auch den weltlichen Adel und prägten Münzen. Unter Heinrich dem Zänker war die Entwicklung nach seiner Wiederversöhnung mit der Familie zu einem Höhepunkt gelangt. Auf einem Hoftag in der alten Königs- und Herzogspfalz Ranshofen am Inn ließ er sich seine Machtstellung von allen Großen seines Reiches festschreiben: Als Herzog kontrollierte er alle Amtsträger in seinem Herrschaftsgebiet und trat unangefochten an die Spitze des Rechtssystems. Sein Sohn und Nachfolger konnte auf dieser Vormachtstellung aufbauen. In den Quellen wurde er als »königlicher Herzog« *(regalis dux)*, »höchster Fürst« oder schlicht »Unser einziger Herr nach Gott« angesprochen (Tegernseer Briefsammlung). Kein anderer Herzog im Reich hielt damals solch eine Machtfülle in der Hand wie der bayerische. Der Tegernseer Mönch Froumund machte in einem Lobgedicht (1001) deutlich, welches Ansehen der Bayernherzog bei seinen Untergebenen genoss: »Sei gegrüßt, Herzog Heinrich, du von deinen Völkern Geliebter, du Nachkomme der Könige, auch du hältst Zepter in Händen. Kein Sterblicher wird dich von den Königen jemals übersteigen.«

Konsequenterweise nahm Heinrich auch in seiner Residenzstadt Regensburg königsgleiche Repräsentationsformen wahr. Einst hatte der ostfränkische König Ludwig der Deutsche Mitte des 9. Jhs. eine im Westen des alten Kornmarkts gelegene Pfalz mit Pfalzkapelle und angeschlossenem Kollegiatstift errichtet. Doch nach Verlegung der Königspfalz in das Areal von St. Emmeram unter Kaiser Arnulf von Kärnten (reg. 896–899) verfiel der Komplex mit der reich ausgestatteten Alten Kapelle, in der die besonders prächtigen Liturgien des Königshofes gefeiert worden waren und die zugleich als Sitz der Hofkapelle auch das maßgebliche Verwaltungszentrum gewesen war. Sie bot mehr und mehr einen trostlosen Anblick. Gleich nach seinem Herrschaftsantritt und damit noch vor seiner Königskrönung nahm sich Heinrich des maro-

Die Beschlüsse von Ranshofen

Aus dem Jahr 990 ist ein einzigartiges Dokument überliefert, das Einblick in die Herrschaftspraxis der bayerischen Herzöge gibt. In diesem Jahr versammelte Heinrich der Zänker in Ranshofen am Inn alle Großen seines Herzogtums, Bischöfe wie Grafen, zu einem Hoftag, um grundlegende Fragen über die Wahrung von Recht und Frieden in seinem Herrschaftsbereich zu klären. Die Beschlüsse wurden schriftlich festhalten und von Bischof Abraham von Freising in einer Sammelhandschrift (994) für die Nachwelt bewahrt. In den insgesamt neun Einzelbestimmungen, die u. a. die Rückgabe flüchtiger bäuerlicher Höriger an den Grundherrn oder die Pflichten des Grafen bezüglich der Rechtssicherheit an grundherrlichen Hofgerichten regelten, erschien der Herzog jeweils als oberste Instanz für alle öffentlichen Amtsträger. Nicht dem König, sondern ihm stand die alleinige Aufsichts- und Disziplinargewalt für Grafen, Vögte und Schöffen zu. Der Herzog konnte den Grafen bei schweren Verfehlungen sogar ihr Amt und ihre Amtsausstattung, das Lehen, entziehen. Dass die Grafen nicht dem König, sondern dem Herzog unterstanden, gab es sonst nirgendwo im Reich.

Da die herzogliche Macht sich auch über Amtsträger der Bischöfe und anderer Grundherren erstreckte, war die gesamte Rechts- und Friedenswahrung auf die Person des Herzogs zugeschnitten. Bei Rechtsbruch oder Rechtsbeugung durch Amtsträger drohten drakonische Konsequenzen von Körperstrafen bis Exil und Kerkerhaft. Von irgendwelchen königlichen Rechten war in Ranshofen klugerweise nicht die Rede. Der Herzog war sich sein eigener König.

den Bauwerks an. Er ließ die Alte Kapelle von Grund auf neu errichten und belebte auch das abgegangene Kollegiatstift wieder. Gleichzeitig verlegte er seine Residenz an den alten Kornmarkt zurück und machte die Alte Kapelle damit wieder

Thietmar von Merseburg verfasste eine umfangreiche Chronik, die das Bild der Nachwelt von Heinrich und Kunigunde nachhaltig prägte. Er durfte die beiden als enger Weggefährte sehr oft in seiner Bischofspfalz begrüßen.

zur Pfalzkapelle. Die Maßnahme war Programm: Heinrich agierte bereits wie ein König. Nach seiner vollzogenen Königserhebung privilegierte er die Alte Kapelle noch mehr. Er verlieh ihr den Titel einer »Mutterkirche« von Regensburg und entzog sie dem bischöflichen Einfluss, indem er sie unter seinen eigenen, königlichen Schutz nahm. Erst nach der Gründung Bambergs zeigte er kein Interesse mehr am weiteren Ausbau Regensburgs und schenkte die Alte Kapelle dem neu gegründeten Bistum Bamberg.

Ein Autor mit nachhaltiger Wirkung: Bischof Thietmar von Merseburg

Der wichtigste Chronist für die Zeit Kaiser Heinrichs II. ist Thietmar von Merseburg, der in den Jahren zwischen 1012 und 1018 eine acht Bücher umfassende Chronik zur Reichsgeschichte schrieb. Thietmar, 976 als Spross einer der führenden Familien Ostsachsens geboren und an der Domschule von Magdeburg ausgebildet, fühlte sich Heinrich persönlich verbunden, seitdem dieser das aufgelöste Bistum Merseburg wiederhergestellt und ihn dortselbst im Jahr 1009 zum Bischof gemacht hatte.

Das Bistum Merseburg, das Otto der Große vor der entscheidenden Lechfeldschlacht (955) gegen die Ungarn dem Tagesheiligen Laurentius zu gründen gelobt hatte und das 968 gemeinsam mit dem neuen Erzbistum Magdeburg zu Lasten der Diözese Halberstadt ins Leben gerufen worden war, erlebte bereits nach nur wenigen Jahren 981 seine Auflösung. Treibende Kraft war Bischof Giselher von Merseburg selbst, der unbedingt zum Erzbischof von Magdeburg aufsteigen wollte und daher bereit war, die seit langem umstrittenen Bistumsgebiete Merseburgs abzutreten. »Giselher, nicht ein Hirt, sondern ein stets auf Emporkommen erpichter Krämer« (Thietmar) erreichte sein Ziel mit List, Tücke und Bestechung. Das Bistum wurde aufgegeben, seine Güter gingen an die Bistümer Halberstadt, Zeitz, Meißen und Magdeburg. »Nun wurde alles, was früher unserer Kirche gehörte, elendiglich verteilt«, so Thietmar. Vielen Gläubigen erschien dies als schreiende Ungerechtigkeit. Doch erst der Tod Giselhers 1004 ermöglichte eine Neuordnung, die Heinrich II. denn auch sofort in Angriff nahm. Er setzte gegen den harschen Widerstand des Domkapitels seinen Vertrauten Tagino als neuen Erzbischof von Magdeburg ein und konnte mit dessen Unterstützung das Merseburger Bistum restituieren. Zu dessen erstem Bischof berief er seinen Kapellan Wigbert, bevor er nach dessen Tod Thietmar erhob.

Das traumatische Erlebnis der Auflösung eines bestehenden Bistums bewog Thietmar dazu, dieses Unglück ein für alle Mal der Nachwelt zu überliefern und für den Bestand des Bistums Merseburg zu wirken. Daher verknüpfte er die »Geschichte des Bistums« mit »den Lebenswegen und Taten der frommen Könige Sachsens«, die er mit Heinrich I. begann und über Otto den Großen, Otto II. und Otto III. bis hin zu Heinrich II., seinem Mentor, chronologisch fortführte. Dem aus Sachsen stammenden Herrscherhaus gegenüber zeigte sich der Bischof insgesamt loyal, bewertete die Regierungsleistungen der einzelnen Vertreter aber differenziert, vor allem hinsichtlich ihrer Haltung gegenüber Merseburg. Er schrieb nicht im Auftrag des Hofes. Eine Vielzahl persönlicher Einschätzungen sowie Angaben zu seiner eigenen Person wie zu Verwandten, Freunden, Förderern ließ er in seine Darstellung einfließen. Mit Heinrich II. verband ihn ein enges Verhältnis. Insgesamt 13 Mal empfing und bewirtete er ihn samt Gefolge trotz begrenzter Ressourcen des Bistums standesgemäß. Er hatte erhebliche Teile seines Familienvermögens in sein Amt miteinbringen müssen. Auch an den Kriegszügen gegen Polen beteiligte er sich jeweils mit Aufgeboten seiner Kirche. Sorgen machte er sich nur um die Kinderlosigkeit des königlichen Paares.
1015 legte er den Grundstein zur Kathedrale, die 1021, drei Jahre nach seinem Tod, unter Beisein Heinrichs geweiht wurde und in der er später sein Grab fand. Seine ausführliche Chronik, mit der er das Bild der Epoche wesentlich prägte, bewahrte ihm ein Andenken weit über seine Zeit hinaus. Die Originalhandschrift, geschrieben von acht Schreibern mit Ergänzungen von Thietmars Hand, gelangte 1570 nach Dresden. Im Zweiten Weltkrieg wurde sie bis auf wenige Seiten zerstört. Da bereits 1905 ein Faksimile angefertigt worden war, blieb die wichtige Quelle für die Nachwelt bewahrt.

NEU ENTDECKTE LOYALITÄT

Auch wenn es Heinrich als bayerischem Herzog nicht an Selbstvertrauen mangelte, verhielt er sich dennoch loyal seinem Cousin zweiten Grades und Oberherrn, Otto III., gegenüber, der als 16-Jähriger 996 in Rom zum Kaiser gekrönt worden war. Heinrich kam seinen Vasallenpflichten treu nach und begleitete seinen jüngeren Vetter auf seinen Zügen nach Italien und vermutlich auch nach Gnesen in Polen, wo die Errichtung eines neuen Erzbistums das Verhältnis des christlich gewordenen Polen zum Reich neu ordnete. Vor Rom erwarb sich Heinrich Ansehen, als er 1001 während des Aufstandes der Römer gegen den Kaiser dem Bedrängten vom jenseitigen Tiberufer aus zu Hilfe eilte und ihn und Papst Silvester II. in Sicherheit brachte. Danach kehrte der Bayernherzog in sein Herzogtum zurück und wurde von den Tegernseer Mönchen, die seit Langem enge Beziehungen zum Herzogshaus unterhielten, mit überschwänglichen Worten empfangen und geehrt.

Der Griff nach der Königskrone schien sich zu diesem Zeitpunkt erledigt zu haben. Der wichtigste Chronist der Zeit, Bischof Thietmar von Merseburg, berichtet, Heinrich habe sogar unzufriedene Adlige, die eine Verschwörung gegen den Kaiser hätten anzetteln wollen, brüsk abgewiesen.

Der völlig überraschende Tod Ottos III. am 24. Januar 1002 in der Burg Paterno in der Nähe von Civitá Castellana unweit Roms veränderte die Situation allerdings schlagartig. Mit 22 Jahren erlag der kinderlose Kaiser einer epidemischen Erkrankung – und die Karten im Reich wurden neu gemischt. Erst jetzt schlug die Stunde des bayerischen Herzogs, der seine Chance auf die Nachfolge nun endlich doch im Reich gekommen sah.

3 Geliebte Gattin und Teilhaberin an der Herrschaft: Kunigunde von Luxemburg

KUNIGUNDES HERKUNFT UND FAMILIE

In diesen Jahren, als Heinrich seine Rolle als selbstständiger Herzog von Bayern auszufüllen begann, wandelte er – wie andere junge Adelsmänner in diesem Lebensalter auch – auf Freiersfüßen. Wir wissen nicht genau, wann die »Königin seines Herzens« in sein Leben trat und wo er sie kennenlernte, doch spätestens im Jahr 1000, wahrscheinlich schon etwas früher um 997/998, heiratete Heinrich Kunigunde von Luxemburg. Nach der Vermählung dürfte das junge Paar im herzoglichen Regensburg seinen Sitz genommen haben. Seitdem verbrachten sie wohl mehr als 25 Lebensjahre gemeinsam; denn erst der Tod Heinrichs 1024 beendete die Ehe.

In den überlieferten Urkunden und Quellenzeugnissen tritt das Paar in dieser langen Zeitspanne als stark gemeinsam handelndes Herrscherpaar hervor. Seine Beziehung war nie nur privat-familiärer, sondern vorrangig öffentlich-politischer Natur. Als Herzog und Herzogin, später als König und Königin und schließlich als Kaiser und Kaiserin nahmen sie ihre Herrschaftspflichten gemeinsam wahr und füllten ihre Rollen aus. Über ihre persönlichen Gefühle und Bindungen lässt sich dagegen nur spekulieren.

Auffallend ist jedoch, dass Heinrich eine Frau wählte, die genau aus jenem Raum stammte, in dem die Gorzer Klosterreform besonders Fuß gefasst hatte: Kunigunde entstammte dem aufstrebenden Adelsgeschlecht der Luxemburger. Ihr Vater, Graf Siegfried I. (reg. 963–998), war die bestimmende Kraft im Mosel-Saargebiet und beherrschte über wichtige Positionen unter anderem die alte Römerstadt Trier mit ihrer Umgebung. Als Vogt der bedeutenden Reichsabtei St. Maximin hielt er seine schützende Hand über die dort eingeführte Klosterreform und willigte darin ein, dass Reformmönche von hier aus nach Bayern gingen. Seit etwa 950 amtierte er auch als Laienabt des Klosters Echternach. 963 erwarb Siegfried in einem Tauschgeschäft mit der Abtei St. Maximin ein hoch über dem Flüsschen Alzette gelegenes Felsplateau, auf dem er die Burg Luxemburg errichten ließ, nach der sich das Geschlecht später benannte. Planmäßig baute er seine Machtstellung aus; nur ein Jahr später erwarb er die Saarburg und machte aus ihr eine starke Festung. Loyalität gegenüber dem ottonischen Königshaus und der stetige Ausbau der Herrschaftsposition durch Zukauf und Erbschaft ließen auf eine glänzende Zukunft hoffen.

Kunigunde wurde in eine reiche Geschwisterschar hineingeboren. Die Ehe ihres Vaters mit seiner Gattin Hadwig war mit insgesamt elf Kindern gesegnet. Kunigunde wuchs mit sechs Brüdern und vier Schwestern auf; sie selbst war wohl das achte, wenn nicht gar das jüngste Kind, geboren irgendwann zwischen 975 und 985. Über ihre Kindheit und Erziehung ist nichts weiter bekannt. Wahrscheinlich lebte die Familie damals in Trier, der bedeutenden Römermetropole, die mit der Porta Nigra, den Kaiserthermen und der Konstantins-Basilika hervorragende Zeugnisse der Antike beherbergte. Unter dem kunstsinnigen Erzbischof Egbert von Trier (977–993) nahm das künstlerische Schaffen in der Moselstadt einen enormen Aufschwung. Goldschmiedekunst, Buchmalerei und Elfenbeinschnitzerei erlebten eine große Blüte, ebenso Bildung und Wissenschaften. Zur Ausbildung adliger Damen stand in der belebten Handelsstadt das Benediktinerinnenkloster St. Irminen zur Verfügung, eine traditionsreiche Einrichtung aus der Zeit um 700. Es scheint möglich, dass Kunigunde hier unterrichtet wurde. Ihre Bildung war vermutlich überdurchschnittlich – immerhin verkehrte ihr ältester Bruder Heinrich am Königshof und galt als Vertrauter Ottos III., den er auf seinen Italienzügen begleitete. Die Mädchen der Grafenfamilie wurden sicherlich angemessen darauf vorbereitet, standesgemäß verheiratet zu werden und einem großen und anspruchsvollen Adelshaushalt vorzustehen.

Trotzdem erstaunt es, dass der stramme Bayernherzog sich »nur« eine Grafentochter zur Frau nahm. Er hätte – wie sein Vater auch – eine Gattin von königlichem Geblüt wählen können. Vielleicht war in der Tat Liebe mit im Spiel oder zumindest ein Gleichklang der Herzen hinsichtlich religiöser und kirchlicher Fragen. Der Kontakt mag über den kaiserlichen Hof Ottos III. zustande gekommen sein. Hier hielten sich sowohl Kunigundes Bruder als auch der Bayernherzog immer wieder auf.

Ein nicht unwichtiges Pfund, mit dem Kunigunde wuchern konnte, war neben der Königsnähe und dem wachsenden Territorialbesitz ihrer Familie ihr illustrer Stammbaum, den sie über die mütterliche Linie bis zu dem westfränkischen König Ludwig dem Stammler und über ihn hinausgehend auf Ludwig den Frommen und Karl den Großen zurückführen konnte. Damit war Kunigunde mit dem Kaisergeschlecht der Karolinger verwandt, was sie zur Herrschaft besonders zu prädestinieren schien.

Mit einer solch hochkarätigen Ahnentafel konnte sich indes der Bräutigam, der von den sächsischen Liudolfingern abstammte und dessen Urgroßvater Heinrich I. »nur« ostfränkischer König gewesen war, nicht rühmen. So brachte Kunigunde neben vorzüglichen verwandtschaftlichen Beziehungen in den Westen des Reiches auch eine prestigefördernde Ahnengalerie mit in die Ehe ein.

HERZOGIN VON BAYERN

Heinrich behandelte seine junge Gemahlin mit großer Wertschätzung. Gleich nach der Hochzeit ließ er ihr eine standesgemäße Morgengabe zur Versorgung im Alter übertragen: Er schenkte ihr Burg und Ort Bamberg mit den dazugehörenden umliegenden Besitzungen. Diese verkehrsgünstig am Zusammenfluss von Main und Regnitz gelegene Burg am östlichen Rand des ostfränkischen Reiches, die 973 durch eine Schenkung Kaiser Ottos II. an den Bayernherzog Heinrich den Zänker, Kunigundes inzwischen verstorbenen Schwiegervater, gekommen war, stand dem Frischvermählten offenbar sehr nah. Thietmar von Merseburg berichtet, Heinrich habe den Ort von Kindesbeinen an geliebt. Wahrscheinlich verbrachte

Kunigundes illustre Ahnentafel: Über die mütterliche Linie führte sie – wie hier in einem Druck aus der Weltchronik des Hartmann Schedel (1493) gezeigt – ihre Abstammung bis auf Karl den Großen zurück.

er – während sein Vater in Utrecht in Haft saß – mit seiner Mutter Gisela und seinem jüngeren Bruder Brun einige Kinderjahre in der sehr repräsentativen und bequemen Pfalz Bamberg. Dies dürfte zwischen seinem dritten und fünften Lebensjahr gewesen sein. Er scheint sich zeitlebens an diese

Phase liebevoll zurückerinnert zu haben. So darf es gewiss als Beweis der Zuneigung gelten, dass Heinrich gerade dieses schöne, ihm ans Herz gewachsene Plätzchen seiner frisch angetrauten Gemahlin zuwies. Doch dabei blieb es nicht allein.

Im Laufe ihrer Ehe erhielt Kunigunde weitere reiche Besitzungen in Bayern – insbesondere wohl nach der Gründung des Bistums Bamberg als Kompensation für die zurückgegebene Morgengabe. Diese Komplexe waren so umfangreich, dass sie ihr eine wahrhaft herausragende Stellung in Bayern garantierten. Kunigunde war ohne Zweifel Bayerns starke Frau. Ihre Güter konzentrierten sich im Salzachmündungsgebiet und dem westlichen Innbereich und umfassten alte, traditionsreiche, aus karolingischer Zeit stammende Pfalz- und Königshöfe wie Altötting, Burghausen, Ranshofen und Ostermiething mitsamt ihren weitläufigen Forstgebieten. Im Westen des Herzogtums verfügte sie über wichtige Güter am Lech im Vorfeld der Bischofsstadt Augsburg, das als Sammelpunkt für die Aufgebote der Italienzüge von hoher Bedeutung für das Königtum war. Dazu zählten u. a. der strategisch bedeutsame Königshof von Mering, der unweit der alten Römerstraße von Augsburg zum Brenner lag. So sicherte Kunigunde wichtige Gebiete im Süden des Reiches der Herrschaft ihres Gatten. Für dessen Nachfolger im Königsamt, Konrad II., sollte dies später ein Anlass sein, die großzügigen Regelungen Kunigundes, die sie als Witwe zu Gunsten der Freisinger und Salzburger Kirche traf, nach ihrem Tod wieder einzukassieren, hätten diese doch eine dauerhafte Schwächung der Herzogsmacht verursacht.

Kunigunde wuchs mit Billigung und Förderung ihres Mannes in die Rolle der mächtigen Frau, bayerischen Herzogin und gekrönten Königin hinein. Als zudem ihr älterer Bruder Heinrich 1004 von ihrem königlichen Gemahl als Herzog von Bayern eingesetzt wurde, nahm ihr Einfluss noch einmal zu. Kunigunde vermittelte bei Streitigkeiten hochrangiger Gefolgsleute oder kirchlicher Institutionen, kümmerte sich eigenständig um Schenkungen und Güterübertragungen und pflegte beste Beziehungen zum bayerischen Adel, nicht zuletzt zu den Welfen, mit denen sie über ihre Nichte Imiza, die Graf Welf II. ehelichte und den Königshof Mering aus dem Besitz ihrer Tante mit in die Ehe einbrachte, verwandtschaftlich verbunden war. Sie scharte ein enges Netzwerk aus Freunden und Verwandten um sich. In allem erwies sie sich als geschickte Regentin. Von den bayerischen Adligen wie von den übrigen Großen des Reiches wurde sie als Herrscherin akzeptiert; Widerstände gegen ihren Einfluss sind jedenfalls nicht bekannt.

DIE PERSÖNLICHE TRAGIK DES PAARES

Über manche Formulierungen in den Urkundentexten lässt sich nur staunen: »Die wir zwei in einem Fleische sind«, »wir sind ein Fleisch und ein Geist«, »mit der wir in göttlicher Verbindung ein Fleisch sind« – das Paar wurde scheinbar nicht müde, seine enge Verbundenheit und körperliche Nähe öffentlich zu bekunden. Die »geliebte Hausgefährtin«, die »geliebteste Gemahlin«, die »hehre Kaiserin« – Heinrich ließ keine Zweifel aufkommen, dass er seiner Kunigunde aufrichtig zugetan war. Dennoch erfüllte das Paar seine wichtigste Aufgabe nicht: Es sorgte nicht für Nachwuchs. Heinrich und Kunigunde blieben kinderlos.

Diese Tatsache muss schon früh festgestanden haben. Wünschten die Tegernseer Mönche dem aus Italien zurückkehrenden Bayernherzog noch 1001 ausdrücklich eine reiche Nachkommenschaft, so waren die Hoffnungen bereits vor der Bamberger Bistumsgründung 1007 zerstoben: Im »Gründungsdokument« des Bamberger Bistums, dem Synodenprotokoll von Frankfurt, ließ Heinrich freimütig festhalten, dass er keine Kinder mehr zu erwarten habe. Im Volksmund spottete man bereits über den »Lendenlahmen«. Offenbar wurde die »Schuld« für die Zeugungsunfähigkeit ihm – und nicht wie im Mittelalter für gewöhnlich der Frau – zugeschoben. Belegt ist, dass Heinrich an einem hartnäckigen, kolikartig auftretenden Leiden litt, das ihn immer wieder quälte und aufs Bett verbannte. In einer Urkunde für das Kloster Montecassino (1022) berichtet er selbst davon. Erleichtert gibt er bekannt, dass er »gnädige Linderung« seiner wiederholten Beschwerden erfahren habe. Welche Erkrankung genau gemeint war, geht aus den Angaben nicht hervor. Spätere Geschichtsschreiber schmückten die Geschichte aus, ließen gar den hl. Benedikt auftreten, der den Kaiser wunderbarerweise im Schlaf heilte, und erzählten von quälenden Harnsteinen. Was auch immer Heinrich gehabt haben mochte, die Krankheit war sein steter Begleiter. Sie sei »angeboren«, überlieferte Thietmar von Merseburg.

Ob dieses Gebrechen auch die Kinderlosigkeit verursachte, ist zwar nicht gesichert, erscheint aber durchaus als möglich. Jedenfalls war es eine schwer zu tragende Last für das Paar, keine Erben zu haben und zu wissen, dass mit ihm die Linie der Ottonen enden würde. Wer sollte ihm auf den Königsthron folgen? Die Gefahr, dass das Reich ins Unglück stürzte und von Machtkämpfen zerrissen wurde, war groß. »Wehe den Völkern, denen keine Hoffnung verbleibt auf die Nachfolge eines Sprosses ihrer Herren in der Herrschaft«, wehklagte Thietmar nicht nur über das Schicksal des sächsischen Herrschergeschlechts. »Fremdherrschaft ist das größte Elend; Unterdrückung und große Gefahr für die Freiheit«, machte er aus. Niemand konnte vorhersagen, wie es nach dem Tod des Königspaares weitergehen würde.

Wie Heinrich und Kunigunde persönlich mit ihrem Los umgingen, lässt sich nur vage erahnen. Mit großer Hingabe wandten sie sich beide jedenfalls der Förderung der Kirche zu.

4 Gesalbte des Herrn: Heinrich und Kunigunde als Königspaar

AUFTAKT MIT HINDERNISSEN

In Polling bei Weilheim in Oberbayern lagen in den letzten Februartagen des Jahres 1002 die Truppen des Bayernherzogs Heinrich auf der Lauer. Geduldig warteten sie auf den aus Italien rückkehrenden Leichenzug Kaiser Ottos III., um ihn auf dem Boden des bayerischen Herzogtums abzufangen. Langsam und verunsichert zog das Heer der Italienfahrer über die verschneiten Alpen, um den Leichnam des Verstorbenen seinem Wunsch gemäß in Aachen zu bestatten. Die Sorge im Gefolge des verstorbenen Kaisers war so groß gewesen, dass man dessen Tod zunächst geheim gehalten hatte, um Panikreaktionen im Heer zu verhindern.

Für Heinrich ergab sich nun die einmalige Gelegenheit, sich mit Entschiedenheit an die Spitze der Entwicklung zu setzen und rasch und unverzüglich seinen Thronanspruch anzumelden. Die Geografie spielte ihm dabei in die Hände: Das Kloster Polling lag am Ausgang der Alpenstraßen und eignete sich ideal dazu, die Heimkehrer in Empfang zu nehmen.

Die folgenden Ereignisse erhellen schlaglichtartig den ausgeprägten Machtinstinkt Heinrichs: Kaum war der Tross mit dem Leichnam und den Vertrauten Ottos III. in Polling eingetroffen, zeigte Heinrich zwar tiefe Ehrfurcht vor dem Toten, wie es sich für einen nahen Verwandten des Herrscherhauses ziemte, doch gleichzeitig verlangte er von der Umgebung des toten Kaisers die sofortige Herausgabe der Reichsinsignien, die für eine Königskrönung notwendig waren. Auf diese Weise wollte sich Heinrich einen uneinholbaren Vorsprung vor möglichen Mitbewerbern um die Krone verschaffen. Es stellte sich aber heraus, dass die Insignien nicht komplett waren und Erzbischof Heribert von Köln die Heilige Lanze, das wichtigste Symbol ottonischer Königsherrschaft, bereits vorausgeschickt hatte – wohl um eine Vorwegnahme der Entscheidung über die Nachfolge zu verhindern. Der Bayernherzog reagierte daraufhin gewaltvoll: Er nahm zunächst den Erzbischof selbst, danach dessen Bruder, Bischof Heinrich von Würzburg, in Geiselhaft, um sich die Heilige Lanze, die als Reliquie einen Nagel vom Kreuz Christi in sich barg, ausliefern zu lassen. Außerdem bedrängte er die hochrangigen Adligen und Bischöfe in Ottos Gefolge in Einzelgesprächen, ihn als König anzuerkennen, wie Thietmar von Merseburg berichtet. Das forsche Auftreten erwies sich jedoch als kontraproduktiv – die Fürsten blieben reserviert. Erzbischof Heribert von Köln sah sich zwar genötigt, die Heilige Lanze auszuhändigen, ließ aber durchblicken, dass er eine Wahlversammlung favorisiere und sich deren Mehrheitsentscheidung beugen würde.

Heinrich war zwar nun im Besitz der Reichsinsignien, aber Freunde hatte er sich mit seinem Auftritt nicht gemacht. So tat er danach alles, um als würdiger Thronkandidat zu erscheinen: Demütig geleitete er den Leichenzug bis nach Augsburg, trug phasenweise sogar den Sarg des Toten auf seinen Schultern, sorgte für die ehrenvolle Beisetzung der Eingeweide Ottos III. in der Kirche St. Afra in Augsburg und sicherte durch eine außerordentlich großzügige Grundbesitzstiftung an diese Kirche das Totengedenken an den Verstorbenen ab – Aufgaben, die traditionellerweise dem Thronfolger zukamen. Erst an der Grenze seines Herzogtums, in Neuburg an der Donau, entließ Heinrich den Leichenzug zur Weiterfahrt nach Aachen. Sein gleichnamiger luxemburgischer Schwager, Kunigundes ältester Bruder, riet ihm eindringlich davon ab, selbst mit nach Aachen zu reisen, um sich gleich dort zum König ausrufen zu lassen. Eine Konsenslösung galt als erstrebenswerter.

Heinrich musste sich also gedulden. Einen möglichen Kandidaten aus der eigenen Verwandtschaft nahm er umgehend selbst »in die Mangel«: Otto von Kärnten, der über seine Mutter Liudgard ein direkter Enkel Ottos des Großen war. Liudgard entstammte der ersten Ehe Ottos mit der englischen Prinzessin Edgith. Kaiser Otto II. war ihr Halbbruder, der aus der zweiten Ehe Ottos des Großen mit Adelheid von Burgund stammte. Liudgards Sohn – eben Otto von Kärnten –, im

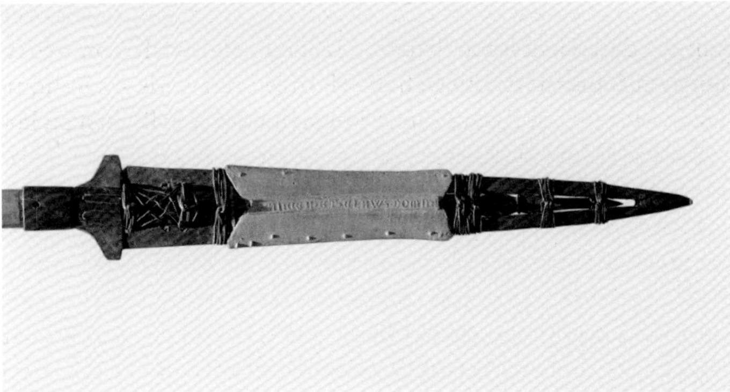

Die Heilige Lanze barg in der ausgestanzten Mitte ihres Lanzenblattes angeblich einen Nagel vom Kreuz Christi. König Rudolf II. von Hochburgund schenkte sie 926 dem ostfränkischen König Heinrich I., dem Urgroßvater Heinrichs II. Seitdem führten die ottonischen Könige und Kaiser die Lanze in zahlreichen Schlachten mit und siegten unter ihrem Zeichen.

Stammbaum ein Cousin ersten Grades des verstorbenen Kaisers Otto III., konnte damit eine nähere Blutsverwandtschaft für sich reklamieren als jene Nachfahren, die aus der jüngeren Bruderlinie Ottos des Großen hervorgegangen waren. Doch er war bereits um die Mitte Fünfzig. Heinrich nahm Kontakt zu ihm auf und überredete ihn, auf Grund seines hohen Alters von einer Kandidatur abzusehen. Dafür bestätigte er ihm im Gegenzug sein Herzogtum Kärnten. Otto fügte sich und unterstützte fortan die Kandidatur des Bayernherzogs.

Hartnäckiger erwiesen sich zwei andere Rivalen, die Heinrich die Krone streitig machten, obwohl sie keine verwandtschaftlichen Bande zum Ottonenhaus geltend machen konnten. In Sachsen, dem »Heimatherzogtum« der Liudolfinger, legte man Wert darauf, bei der Königswahl ein Wort mitzureden. Zu diesem Zweck versammelten sich kurz nach dem Eintreffen der Todesnachricht des Kaisers noch im März 1002 im Königshof Frohse südlich von Magdeburg die hochrangigen sächsischen Adligen – darunter Bernhard von Sachsen, Ekkehard von Meißen und Markgraf Liuthar von der Nordmark – mit dem Erzbischof von Magdeburg und seinen Suffraganbischöfen, um zu erörtern, wen man als Kandidaten zur Königswahl vorschlagen könne. Ekkehard von Meißen, ein enger Vertrauter Ottos III., in Sachsen und Thüringen reich begütert, kündigte seine Ambitionen an, fand jedoch spontan keine ungeteilte Zustimmung. Deshalb wurde die Zusammenkunft auf April in die Pfalz Werla im Harzvorland vertagt.

Diese Zeitspanne gab Heinrich Gelegenheit zu raschem Handeln. Er suchte sich Verbündete, die seine Interessen in Werla vertreten konnten. Markgraf Liuthar zog er in geheimen Verhandlungen in Bamberg auf seine Seite. Außerdem gewann er die Unterstützung zweier mächtiger Frauen aus dem ottonischen Herrscherhaus, den Äbtissinnen von Quedlinburg und Gandersheim, Adelheid und Sophia, beides Schwestern Ottos III., die das Königtum im eigenen Haus halten wollten. So hatte Heinrich bereits Fürsprecher auf der Versammlung von Werla, bevor diese überhaupt zusammentrat. Selbstbewusst schickte er einen eigenen Abgesandten dorthin, der jedermann reiche Entlohnung versprach, der die Kandidatur des Bayernherzogs unterstützen würde. Daraufhin sprachen sich die meisten Teilnehmer der Versammlung begeistert für Heinrich als Königskandidaten aus.

Ekkehard von Meißen stand unversehens isoliert da. Aus Zorn okkupierte er am Abend mit seinen verbliebenen Mitstreitern Bernhard von Sachsen und Bischof Arnulf von Halberstadt die für die kaiserlichen Frauen reservierten Plätze an der Festtafel und verzehrte demonstrativ ihre Speisen – ein Eklat, mit dem er sich selbst aus dem Rennen warf. Ekkehard verließ die Versammlung und wurde von seinem Anhänger Bischof Bernward von Hildesheim an einem der folgenden Tage zwar königsgleich in der Bischofsstadt empfangen, doch hatte er mit seinem rüpelhaften Verhalten alle seine Chancen verspielt. Am 30. April wurde er in Pöhlde von sächsischen Adligen erschlagen, ohne dass die genauen Gründe für den Mord aus den Quellen hervorgingen. Vermutlich geschah es aus Rache für seinen Affront in Werla.

Inzwischen war mit Hermann II. von Schwaben ein weiterer Thronbewerber aufgetreten. Nach der Trauerfeier für

Otto III. in Aachen hatten ihn die dort versammelten Großen zu diesem Schritt gedrängt, da sie den Bayernherzog für »ungeeignet« hielten. Die Gründe für ihre Ablehnung bleiben im Dunkeln. Sie mögen in der Krankheit Heinrichs, seiner wohl damit einhergehenden Kinderlosigkeit oder in seinem schroffen Auftreten in Polling gelegen haben. Jedenfalls betrat mit dem Schwabenherzog ein Mann die politische Bühne, der wegen seiner Milde gerühmt wurde. Er besaß im Südwesten des Reiches seine Stützpunkte und Anhänger, erfuhr aber auch von niederlothringischen Bischöfen Zustimmung.

Wiederum überraschte Heinrich mit einem beherzten, fast schon skrupellosen Schritt: Er wollte durch eine vorgezogene Krönung endlich ans Ziel kommen. Erzbischof Willigis von Mainz und Bischof Burchard von Worms standen auf seiner Seite. So zog er Anfang Juni an den Rhein, trickste das Aufgebot des Schwabenherzogs, das ihm den Weg versperren wollte, durch ein Überraschungsmanöver aus und setzte bei Worms über den Strom. Heinrich nahm Kurs auf Mainz, wo ihn Erzbischof Willigis bereits zur Krönung erwartete.

Am 6./7. Juni 1002 schlug dem Bayernherzog endlich die Stunde des Triumphes: Er wurde »zum König erwählt, bestätigt, geweiht und gekrönt«, wie es Adalbold von Utrecht (um 972–1026) in seiner »Vita Heinrici II. imperatoris« ausdrückt. Im Mainzer Dom nahm Willigis gemeinsam mit seinen Suffraganbischöfen im Rahmen eines Festgottesdienstes die Königssalbung vor. Das Reich hatte einen neuen Herrn gefunden.

DIE KRÖNUNG HEINRICHS

Ein gewisses Maß an Überstürzung ist an dem Mainzer Krönungsakt abzulesen. Eine allgemeine Wahlversammlung hatte zuvor nicht stattgefunden; sächsische Adlige waren bei dem Krönungszeremoniell nicht anwesend; die Huldigung sprachen »nur« bayerische und fränkische Gefolgsleute aus. Auch der wichtige Erinnerungsort Aachen mit dem Thron Karls des Großen hatte nicht zur Verfügung gestanden. Dennoch war durch diese Zeremonie Heinrich der legitime König über das Reich geworden und Hermann von Schwaben hatte das Nachsehen.

Heinrich selbst trat ab dem 7. Juni als König auf und wurde von seiner Umgebung auch entsprechend behandelt. In Erzbischof Willigis (975–1011) hatte er einen besonders einflussreichen, mächtigen und treuen Unterstützer seiner Sache gefunden, wenn auch keinen ganz uneigennützigen: Willigis sah mit der Salbung Heinrichs eine Gelegenheit gekommen, seinen Vorrang in der Reichskirche und das damit verbundene Recht zur Königskrönung vor aller Öffentlichkeit zu zelebrieren. Als Erzbischof von Mainz und Erzkanzler des Reiches beanspruchte er den Primat in der Reichskirche und besaß dafür die ausdrückliche Billigung des Papstes. Benedikt VII. hatte Willigis bei seiner Erhebung zum Erzbischof 975 ein Privileg ausgestellt, das ihn zum Vikar (Stellvertreter) des Papstes nördlich der Alpen machte und das es ihm erlaubte, Synoden einzuberufen und Königskrönungen vorzunehmen. Allerdings wurde diese Position in jüngster Vergangenheit untergraben, da Kaiser Otto III. das in der Kölner Kirchenprovinz liegende Aachen mit dem Marienmünster und seinem symbolträchtigen Bezug zu Karl dem Großen besonders stark gefördert hatte. Aachen drohte damit als Krönungsort etabliert zu werden, und da liturgische Handlungen gemäß kirchenrechtlichen Vorgaben der Zustimmung des jeweiligen Ortsbischofs bedurften, fürchtete der Mainzer um seine Rolle als Koronator.

Um dies zu verhindern, suchte Willigis den Schulterschluss mit Heinrich, der ihm versprach, die Mainzer Kirche nach Kräften zu fördern. Mit dem Ausbau seiner Bischofsstadt hatte Willigis bereits begonnen. Mit dem Neubau des Mainzer Doms schuf er eine Bühne, die architektonisch mit der römischen Peterskirche und dem Aachener Marienmünster gleichzog. Die konzeptionellen Parallelen zu Alt-St.-Peter mit der ungewöhnlichen Lage des Hauptaltars im Westen der gewaltigen dreischiffigen Pfeilerbasilika waren unübersehbar. Ein vorgelagertes Atrium mit Eingangskirche befand sich im Osten; Säulenarkaden verbanden den Vorbau mit dem Dom.

Atrium und Säulengang gab es ebenso in der Pfalzanlage in Aachen. Wie einst Karl der Große für seine dortige Pfalzkirche, ließ auch Willigis für seinen Dom Bronzetürflügel aus einem Stück gießen – eine außergewöhnliche technische Meisterleistung, die seit dem großen Frankenkaiser keiner mehr gewagt hatte. Mit diesen Maßnahmen hoffte Willigis, den Krönungsort endgültig nach Mainz zu verlagern.

Die Krönungszeremonie selbst lief reibungslos ab. Die Reichsinsignien befanden sich bereits in Händen Heinrichs und konnten für den Akt verwendet werden. So nahm Willigis nach der Akklamation der Großen die Salbung, Weihe und Krönung des neuen Herrschers vor und übergab ihm mit der Heiligen Lanze gleichzeitig »das Reich und die königliche Gewalt«, wie es die Vita Bernhards von Hildesheim formulierte. Die Heilige Lanze – zentraler Bestandteil des königlichen Reliquienschatzes, mitgeführt von den ottonischen Königen und Kaisern als siegverheißendes Zeichen in zahlreichen Schlachten wie in der Lechfeldschlacht gegen die Ungarn 955 – zählte ursprünglich nicht zu den Krönungsinsignien, sollte offenbar nun aber das Fehlen des Aachener Karlsthrones zur Einweisung in die Herrschaft ausgleichen. Da Krönung und Salbung Weiheakte waren, konnten sie nicht mehr rückgängig gemacht werden. Damit waren unumkehrbare Fakten geschaffen – Heinrich war der neue König.

Dennoch sah er sich genötigt, die weitere Zustimmung der Großen seines Reiches auf einem neuartigen »Huldigungsumritt« einzuholen. Er trat eine Reise durch die wichtigsten Regionen seines Reiches an. Über Bamberg zog er zunächst nach Thüringen, wo ihm die thüringischen Adligen huldigten. Am 25. Juli besuchte er die sächsischen Fürsten in Merseburg, die ihm in einer eigenen, sehr gut vorbereiteten Zeremonie akklamierten und den Treueid schworen. Bernhard von Sachsen, anfänglich kein Parteigänger Heinrichs, verpflichtete den neuen König auf die Achtung sächsischer Gesetze und Gewohnheiten, bevor er ihm erneut die Heilige Lanze und mit ihr die Sorge um das Reich übergab. Somit war Heinrich auch in Sachsen vollumfänglich als König anerkannt. Anschließend holte er die Zustimmung des Erzbischofes von Köln, der lothringischen Bischöfe in Duisburg sowie der lothringischen Großen in Aachen ein und ließ sich abschließend am 8. September auf den Thron Karls des Großen setzen. Damit war sein Herrschaftsanspruch endgültig durchgesetzt – mit einer Mischung aus Diplomatie, Überrumpelungstaktik und strategischer Gewalt.

Hermann II. von Schwaben sah seine Niederlage ein. Nach einigen Gewaltausbrüchen im Elsass musste er sich Heinrich demütig am 1. Oktober in Bruchsal unterwerfen, um wieder in die königlichen Gnaden aufgenommen zu werden.

Die Forschung hat viel gerätselt über diese »Königserhebung in Etappen«. Handelte es sich in Sachsen um eine regelrechte »Nachwahl« oder eher nur um eine nachträgliche Anerkennung? Ersichtlich ist jedenfalls, dass die konstitutiven Elemente, die zur Herrschaftslegitimation nötig waren, im Vergleich zu vorhergehenden Königserhebungen anders gewichtet wurden. Der Wahlakt trat im Falle Heinrichs II. gegenüber der Salbung in den Hintergrund. Den entscheidenden Vorsprung vor seinen Konkurrenten erhielt er durch die Unterstützung des Erzbischofs Willigis von Mainz. Seine liturgischen Handlungen formten aus dem Bayernherzog erst den neuen legitimen König, während andere noch auf eine Wahlversammlung hofften, deren Formen und Regeln aber unausgereift und umstritten waren. Immerhin blieb dem Reich ein langwieriger Nachfolgekrieg erspart.

DIE KRÖNUNG KUNIGUNDES

In dieser unsicheren Zeit, in der sich Heinrich als König erst durchsetzen musste, scheint Kunigunde nicht bei ihrem Gatten gewesen zu sein. Jedenfalls fehlen darüber Nachrichten. Erst im August stieß sie zu ihm, nachdem die Sachsen ihm gehuldigt hatten. Am 10. August fand in Paderborn ihre eigene Krönung zur Königin statt.

Die Wahl des Ortes überrascht auf den ersten Blick, denn Dom und Pfalz von Paderborn waren durch einen verheerenden Brand im Jahr 1000 fast komplett zerstört worden und

Der Mainzer Krönungsordo

Die Erzbischöfe von Mainz ließen um 960 vermutlich im Kloster St. Alban (Mainz) aus verschiedenen Vorlagen eine Krönungsordnung zusammenstellen, die nach leichten Überarbeitungen um 980 im Wesentlichen für die Krönung und Salbung eines römisch-deutschen Königs bis zum Beginn des 14. Jhs. verbindlich blieb. Beschrieben wurden darin die einzelnen Handlungsschritte des Krönungszeremoniells im Rahmen eines Festgottesdienstes und die zu sprechenden Gebete. Am Beginn der Krönungsliturgie stand die Einholung des Königs vor der Kirche durch zwei Bischöfe und der Einzug zum Hauptaltar. Dort warf sich der Kandidat in Kreuzform mit der Geistlichkeit zu Boden und wartete das Ende der Litanei-Gesänge ab. Danach erhob er sich und wurde vom Erzbischof nach seiner Bereitschaft gefragt, die Kirche, ihre Vertreter und das Volk gerecht und fromm zu verteidigen und zu regieren. Anschließend erklärte sich das anwesende Volk mit einem Heilruf bereit, dem Herrscher die Treue zu bewahren. Die Salbung des Kandidaten erfolgte vor dem Hochaltar an Kopf, Brust, Schultern, Ellbogen und Händen. Vorbild dafür war die im Alten Testament geschilderte Salbung Sauls zum König durch den Propheten Samuel. Durch die Salbung wurde der König herausgehoben über den Stand des einfachen Laien. Er wurde zum »Gesalbten des Herrn« und innerlich mit den Gaben des Heiligen Geistes gesegnet. Danach erhielt er die Herrschaftszeichen: das Schwert, den Mantel, Spangen, Ring, Szepter und Stab. Die Heilige Lanze wurde dabei nicht ausdrücklich erwähnt. Die Zeremonie gipfelte schließlich in der Krönung, die durch die Worte begleitet wurde: »Empfange die Krone des Königreiches (…) und erkenne sie als Zeichen der heiligen Glorie und der rechtmäßigen Ehre und des Werkes der Kraft und wisse Dich durch sie als Teilhaber unseres Dienstes, sodass Du dich immerdar (…) als ein wahrer Pfleger Gottes und

Verteidiger gegen alle Widersacher der Kirche Christi und für das Dir von Gott gegebene und durch das Amt unserer Weihe an der Stelle der Apostel und aller Heiligen deiner Herrschaft übertragene Reich als ein nutzenbringender Vollstrecker und erfolgreicher Lenker erzeigest.« Danach folgten weitere Segensgebete sowie die Thronsetzung und das Absingen des Te Deums, bevor die Festgesellschaft aus der Kirche auszog und zum Krönungsmahl schritt. Die mehrstündige Zeremonie betonte sehr stark den sakralen Charakter des Königtums. Dem König wurde durch die Vermittlung der Bischöfe die Herrschaft auf Erden in Stellvertretung Christi übertragen.

boten nicht den Rahmen, den man sich für eine solche Zeremonie wünschte. Doch es gab andere Gründe, die für ihn sprachen: Paderborn lag auf sächsischem Boden, sodass die Sachsen, die in Mainz nicht zugegen gewesen waren, sich dieses Mal in den Krönungsakt voll eingebunden fühlen durften. Bischof Rethar von Paderborn galt überdies – wie sein Metropolit, der Mainzer Erzbischof – als früher und treuer Parteigänger Heinrichs und sollte dafür wohl zum Dank mit einer prestigeträchtigen Feierlichkeit geehrt werden, bei der hochrangige Adlige und Mitglieder der ottonischen Kaiserfamilie zugegen waren.

Gleichzeitig mit der Krönung Kunigundes fand auch die Weihe und Amtseinführung von Sophia, der älteren Schwester des verstorbenen Kaisers Otto III., als Äbtissin von Gandersheim statt. Wie Aachen war auch Paderborn eng mit Karl dem Großen verbunden, der hier nach der Niederwerfung der heidnischen Sachsenstämme Ende des 8. Jhs. eine großzügige Pfalzanlage mit Kirche unterhalten hatte. An den Quellen der Pader ließ es sich folglich nahtlos an die karolingische Tradition anknüpfen. Daher erschien Paderborn trotz gewisser Einschränkungen als idealer Ort für eine Krönung.

Auch das Datum, der 10. August, war sorgfältig ausgewählt, hatte am Laurentiustag des Jahres 955 doch Otto der

kleine bayerische biografien

Die Bücher erzählen kurz und prägnant aus dem Leben bayerischer Persönlichkeiten. Jeder Band kostet **€ (D) 14,95**.

Marita A. Panzer
HEDWIG
Die Braut der Landshuter Hochzeit
112 S., 27 Abb., kart.
ISBN 978-3-7917-3182-7
AUCH ALS EBOOK

»Das Buch ist prägnant geschrieben, fasst die historische Forschung gut zusammen und entwirft ein anschauliches Lebensbild zwischen Glanz und Gewöhnlichkeit.« DAMALS

»Ein berührendes Frauenschicksal, das die Autorin kenntnisreich und spannend schildert.« PASSAUER NEUE PRESSE

Stefan März
PRINZREGENT LUITPOLD
Herrscher ohne Krone
160 S., 24 Abb., 1 Stammtafel, kart.
ISBN 978-3-7917-3213-8

»März gelingt es […], die verwickelten und vielfach problematischen politischen und gesellschaftlichen Verhältnisse damals in aller gebotenen Kürze umfassend darzustellen und zeigt plausibel, wie es Luitpold ganz absichtslos gelungen ist, aus dieser stürmischen Zeit die gute alte Zeit zu machen.« BAYERN 2

Axel He
JOHA
Ein pol
Restau
140 S.,
ISBN 9
AUCH

Johan
als O
beim
der G
Einhe
als M
demo
Autor
eines
Brüch

Das Regensburger Sakramentar, entstanden wohl kurz nach 1002, zeigt den frisch gekrönten Heinrich II. in prächtigem Gewand auf einem edelsteinverzierten goldenen Thron. Er wird von einer mächtigen Kuppelkonstruktion überwölbt, die als Abbild des Himmels zu deuten ist. Über seinem Haupt erscheint die segnende Hand Gottes und betont die geheiligte Aura, in die der König eingetreten ist.

Große in der Schlacht auf dem Lechfeld seinen größten Triumph gegen die heidnischen Ungarn erkämpft. Dem Mainzer Erzbischof stand an diesem Tag überdies das Recht zu, das Pallium – ein vom Papst verliehenes Ehrenabzeichen in Form einer Wollstola – zu tragen.

Sorgfältige Vorbereitung war nötig, betrat man doch mit der ersten Krönung einer Königin im ostfränkisch-deutschen Reich mehr oder weniger Neuland. Kunigundes unmittelbare Vorgängerinnen auf dem Thron hatten jeweils an der Seite ihrer Ehemänner in Rom die Kaiserkrone erhalten, ohne dass eine Krönung zur Königin vorausgegangen wäre. So setzte Kunigundes Fest Maßstäbe für die Zukunft: die bis Ende des 12. Jhs. übliche selbstständige Krönung einer Königin in einer eigenen Zeremonie und einer eigenen Bischofskirche unabhängig von ihrem Ehemann. Erst in spätstaufischer Zeit zogen die Gemahlinnen mit ihren Ehemännern nach Aachen zur Krönung. Vorbilder für eine Königinnenkrönung boten einerseits ältere Beispiele aus dem Westfrankenreich (9. Jh.), andererseits die in Rom vollzogene Kaiserkrönung Adelheids von Burgund, der zweiten Ehefrau Ottos des Großen. Denn ihr war es zu verdanken, dass die zunächst nur in Urkunden übliche Formulierung der *»consors regni«*, der Mitherrschaft im Reich, in die Krönungszeremonie eingeführt wurde und damit programmatischen Charakter für die Stellung der Kaiserin/Königin erhielt.

Der um 960 zusammengestellte Mainzer Krönungsordo sah als liturgische Handlungen für die Kaiserin/Königin die Weihe, Salbung und Krönung vor, allerdings nicht die Übergabe der Reichsinsignien und die Thronsetzung, die dem König vorbehalten blieben. Welche Rolle der Gemahlin des rechtmäßig von den Fürsten gewählten Herrschers zugedacht war, drückten vier Weihegebete aus, die beim Eintritt in die Kirche, vor dem Altar, während der Salbung und bei der Krönung gesprochen wurden. Unter Berufung auf alttestamentliche Frauenfiguren wie Judith und Esther wurde der Segen Gottes auf die künftige Königin herabgefleht, die Volk und Kirche vor den sichtbaren und unsichtbaren Feinden Gottes schützen, für reiche Nachkommenschaft sorgen und gemeinsam mit ihrem Gatten als »Teilhaberin an der Herrschaft« das Reich lenken sollte. »Deine unermessliche Gnade rufen wir an, damit Du, so wie Du die Königin Esther veranlasst hast, um das Wohl des Volkes Israel willen aus ihrer Gefangenschaft in die Bettstatt und die Herrschaft des Königs der Assyrer überzutreten, ebenso gewähren mögest, dass Deine Magd durch die Weihe unserer Demut und für das Heil der ganzen Christenheit eintritt in das würdige Eheband mit unserem König und in die Teilhabe an seiner Herrschaft«, lautete der Passus im zweiten Weihegebet vor der entscheidenden Salbung.

Bei der ersten Königinnenkrönung im Reich, derjenigen Kunigundes, erfolgte die Salbung durch Willigis von Mainz. »Möge die Gnade des Heiligen Geistes (...) reichlich auf Dich herabfließen«, sprach er nach den Vorgaben des Mainzer Krönungsordos. »Mögest Du danach streben, die guten und nützlichen Seiten deines Herzens beständig zu erkennen, zu wünschen und auszuführen.« Als Höhepunkt der Zeremonie setzte er ihr eine reich geschmückte Krone aufs Haupt. »Empfange die Krone der königlichen Würde; obwohl Du sie aus den Händen unwürdiger Bischöfe empfangen hast, mögest Du, so wie du äußerlich von Gold und Edelsteinen strahlst, Dich auch bemühen, innerlich mit dem Gold der Weisheit und den Juwelen der Tugend geschmückt zu werden«, sprach er dabei. Gold und Edelsteine spielten auf das himmlische Jerusalem an und setzten die Königin damit in engen Bezug zum himmlischen König, auf den sie verpflichtet war. Damit war Kunigunde als Königin eingeführt und trat ebenbürtig an die Seite ihres Gatten. Sie war zur Herrschaft berechtigt.

Danach schritt die Festgemeinde unter dem Jubel der Bevölkerung zum Krönungsmahl in die Pfalz, wie Thietmar zu berichten weiß. Allerdings scheint es in dem verarmten Bistum an Ressourcen für eine üppige Verköstigung gefehlt zu haben. Die bayerischen Gefolgsleute des Königspaares sahen sich daher zu »Selbstversorgung« genötigt und plünderten die umliegenden Felder und Dörfer. »Diese, die daheim sich stets mit wenigem begnügen, außer Landes aber beinahe unersättlich sind, verheerten die Feldfrüchte ihrer Nachbarn und erschlugen dieselben, als sie ihr Eigentum verteidigten«, schrieb Thietmar missbilligend. »Welche Schande!« Der Gewaltakt führte zu handfesten Auseinandersetzungen zwischen Bayern und Sachsen, die nur in letzter Minute beigelegt werden konnten. Bischof Rethar wurde für seine Verluste entschädigt.

Auch wenn damit ein tiefer Schatten über Kunigundes Festakt fiel – sie war gekrönte Königin und Teilhaberin an der Herrschaft. Heinrich und Kunigunde zogen schon am nächsten Tag weiter – gemeinsam ihren neuen Herrschaftsaufgaben entgegen.

VON GOTT BEAUFTRAGT: VORSTELLUNGEN VOM KÖNIGTUM

Durch ihre Weihe, Salbung und Krönung traten Heinrich und Kunigunde in eine geheiligte Aura ein. Sie galten als von Gott zur Herrschaft berufen und von ihm beauftragt, seinen Willen auf Erden umzusetzen. Wie Moses im Alten Testament sein Volk ins Gelobte Land geführt und ihm die göttlichen Gesetze vermittelt hatte, so sollte auch der christliche König als *»vicarius Christi«*, als Stellvertreter Christi, sein Volk zum Heil führen. Die äußere Salbung mit heiligem Öl während der Krönungszeremonie bewirkte in der Vorstellung der Zeit auch die innere Salbung mit dem Heiligen Geist, wie es der Prophet Samuel bei Saul vorhergesagt hatte (1 Sam. 10,6): »Dann wird der Geist des Herrn über Dich kommen und Du wirst in (...) einen anderen Menschen verwandelt werden.« Wie Christus der Mittler zwischen Gott und den Menschen gewesen war, so sollte der gesalbte König nun Mittler zwischen Klerus und Volk sein und den göttlichen Gesetzen zum Durchbruch verhelfen.

Der von Gott eingesetzte König, der sich als Haupt der irdischen Ordnung verstand, durfte daher den Gehorsam seiner Umgebung einfordern, ja musste ihn durchsetzen, wenn er den göttlichen Heilsplan erfüllen wollte. Wer sich gegen ihn als rechtmäßigen König erhob, verstieß gegen die göttliche Ordnung. Der König stand als Haupt dem »Corpus Christi« vor – alle anderen Glieder waren ihm untergeordnet. »Jede Herrschaft in dieser Welt stammt von Gott, und wer sich gegen sie erhebt, vergeht sich an der Majestät Gottes«, drückte es Thietmar von Merseburg im fünften Buch seiner Chronik aus.

Im Gegenzug stand aber auch der König Christus gegenüber in der persönlichen Pflicht. »Im reich gefüllten Haus Gottes, so ist Uns bewusst, sind Wir die obersten Verwalter«, schrieb Heinrich II. in einer Urkunde vom 7. Juli 1005. »Wenn Wir die Verwaltung getreu ausführen, werden Wir selig werden (…). Wenn Wir aber untreu sind, dann werden Wir in die Folterkammer hinabgestoßen und bis zum letzten Glied gefoltert werden.« Wie der gute Knecht im Matthäus-Evangelium (Mt. 25, 14–30), der seine Talente mehrte und dafür den Lohn seines Herrn empfing, musste auch der König eines Tages vor Gott Rechenschaft ablegen über seine Herrschaft und hoffen, nicht wie der unnütze Knecht im Gleichnis verworfen zu werden. Dieser Gedanke tauchte in Heinrichs Urkundentexten immer wieder auf: »Von dem her, was Wir empfangen haben, werden Wir entweder verdammt oder gerühmt werden.« Die sakrale Überhöhung des Königtums führte nicht dazu, dass sich der Herrscher »gottgleich« fühlen durfte. Er blieb ein sündiger Mensch, der in der Verantwortung stand. Das Überschreiten der Jahrtausendwende und das Gefühl, in Erwartung des nahenden Endgerichtes zu leben, mag dieses Verantwortungsgefühl noch gesteigert haben. 1000 Jahre nach Christi Geburt galten nach Angaben der Offenbarung (Offb. 20,7–15) als Zeitraum, in dem der Satan entfesselt und das Endgericht kommen werde.

Das Herrschaftsverständnis Heinrichs II. schlug sich in prominenten Bildwerken nieder. Sein Krönungsbild im Regensburger Sakramentar (s. S. 53), wohl kurz nach der Königskrönung in St. Emmeram entstanden, zeigt dies überdeutlich: Der stehende, festlich gekleidete und zu seiner Linken und Rechten von Bischöfen gestützte König ragt mit seinem Haupt und dem Oberkörper bereits in die goldgrundige Mandorla Christi hinein, bewegt sich also mit einem Teil seines Körpers

Stützen der Königsherrschaft: Die Reichsbischöfe

Die Salbung verband den König mit den Bischöfen, die bei ihrer Amtseinführung ebenfalls geweiht und gesalbt wurden, weshalb Thietmar von Merseburg sagen konnte, dass der König durch seine Weihe zum »Mitpriester« erhoben werde. Als solcher pflegte der König einen engen, vertrauten Umgang mit seinen Bischöfen, die er regelrecht als »Amtskollegen« betrachtete. Gemeinsam mit ihnen wollte er die Geschicke des Reiches lenken, weshalb er darauf achtete, nur enge Vertrauensleute auf den wichtigsten Bischofsstühlen sitzen zu haben. Selbst gegen den Willen mancher Domkapitel setzte er seine Kandidaten durch. Bei mindestens 24 von 62 neu zu besetzenden Bistümern griff Heinrich dabei auf Mitglieder seiner Hofkapelle zurück. So machte er seinen engen Vertrauten aus Kindertagen, Tagino, zum Erzbischof von Magdeburg und übertrug ihm damit eine Schlüsselposition für Sachsen. Adalbold, der unter Heinrichs Bruder Brun in der Hofkapelle gearbeitet hatte, bestieg 1010 den Bischofsstuhl von Utrecht und sicherte das Grenzbistum gegen Ansprüche der Grafen von Flandern. Das ebenso wichtige, im Grenzraum zu Frankreich gelegene Bistum Cambrai besetze er 1012 mit seinem Hofkapellan Gerhard. Auch Bamberg, Trier, Hamburg-Bremen, Köln und Mainz wurden von ehemaligen Mitgliedern der Hofkapelle geleitet, darunter die drei rheinischen Erzbischofsstühle (Köln, Mainz, Trier) mit Weggefährten aus Bayern. So legte sich ein enges, mit dem Hof und seinen Vorstellungen vertrautes Mitarbeiternetz über das Reich, das es dem König ermöglichte, seine Herrschaft auszuüben: Die Bischöfe übernahmen viele wichtige Aufgaben in der Reichsverwaltung, unterhielten Kanzleien und Bildungseinrichtungen, erfüllten ihre Heeres- und Gastungspflichten.

So deutlich wie nie zuvor griff Heinrich II. dabei in die Belange der Kirche ein. Er besetzte Bischofs- und Abt-

stellen nach eigenen Vorstellungen, nahm an 21 Synoden teil und bemühte sich um eine konsequente Durchsetzung kanonischer Vorgaben im Hinblick auf Eherecht, Zölibat und Verbot des Ämterkaufs.
Seine Dominanz über die Kirche, die er andererseits reich mit Gütern und Rechten ausstattete, weckte jedoch zunehmend Kritik. Heinrich drohte den Bogen zu überspannen. Doch erst Jahrzehnte nach seinem Tod sollte der Konflikt zwischen Kirche und weltlicher Macht im Investiturstreit (1077–1122) offen ausbrechen.

direkt in der geheiligten Sphäre. Christus persönlich, der segnend auf einem Regenbogen thront, setzt ihm die Bügelkrone auf das Haupt, während zwei Engel von der Seite mit verhüllten Händen Schwert und Heilige Lanze hinabreichen. Die Lanze ist durch ihre sprießenden Knospen weniger als Waffe denn als Lebensbaum gekennzeichnet. Die Bischöfe zu Seiten Heinrichs sind Ulrich von Augsburg und Emmeram von Regensburg – der eine Sieger über die Ungarn, der andere Beschützer gegen die Slawen, somit zwei mächtige Helfer im Kampf gegen den Unglauben. So erscheint der König schon nicht mehr ganz von dieser Welt zu sein. Nicht der reale Akt der Krönung wird in dieser Miniatur gezeigt, sondern das programmatische Verständnis von Herrschaft, in dem der König als Mittler zwischen Himmel und Erde fungiert.

Im Perikopenbuch Heinrichs II. (s. S. 60), das zwischen 1007 und 1014 auf der Bodenseeinsel Reichenau im gleichnamigen Kloster entstand und vermutlich in Zusammenhang mit der Kaiserkrönung des Paares zu sehen ist, werden Heinrich und Kunigunde pointiert als ebenbürtige Partner in der Herrschaft dargestellt. Beiden wird vom thronenden Christus eine Krone aufs Haupt gesetzt, wobei Heinrich von Petrus und Kunigunde von Paulus an den Thron geleitet wird. Das Paar ist in gleicher Größe dargestellt und beide nehmen die in der unteren Bildzone gezeigte Huldigung der Provinzen Gallia, Germania und Roma an. Der in einer Inschrift

IUSTUM · DISCERNITE SEMPER
CONSULTUM LEGIS UT OPTAT ·
ECCE TIBI · REX CENSUM IURE
TOTUIS · NOS REDDIMUS ISTA QUOTANNI

angebrachte Auftrag, gerecht zu handeln und sich immer für das Ehrenvolle zu entscheiden, ergeht an beide. In den dem Bild zugeordneten Versen auf der linken Seite des Doppelblattes wird der Schutz der Apostelfürsten für die beiden erfleht und Kunigunde dabei ausdrücklich als »Mitherrscherin« bezeichnet. Außergewöhnlicherweise hält sie in der Darstellung ein Szepter in Händen, das gemäß dem Mainzer Krönungsordo jedoch während der realen Zeremonie nicht übergeben wurde. Das Paar unterstrich hier im Bild, dass es einen gemeinsamen Auftrag zur Führung des Reiches von Christus erhalten habe und beide sich auf die göttliche Legitimation berufen durften.

In dieser kostbaren Miniatur des auf der Reichenau geschaffenen Perikopenbuchs erscheinen Heinrich und Kunigunde in gleicher Größe vor dem Thron Christi. Geleitet von den beiden Apostelfürsten erhalten sie die Kronen, was ihre Gleichrangigkeit in der Herrschaft andeutet.

5 Die Mühsal des Regierens

KONFLIKTE MIT DEM ADEL

Das Bewusstsein, von Gott zur Herrschaft berufen zu sein und im Episkopat die wichtigste Stütze für die Verwaltung des Reiches zu finden, verleitete Heinrich dazu, gegenüber den hochrangigen Adelsfamilien einen ungewohnt harschen Regierungsstil zu pflegen. *»Renovatio regni Francorum«*, »Erneuerung der Königsherrschaft der Franken«, ließ er sich schon ganz zu Beginn seiner Königszeit in einer Urkunde vom 15. Januar 1003 als Devise auf sein Bleisiegel schreiben, um damit zu bekräftigen, dass er die Zügel der Macht nicht aus den Händen geben würde. Dies brachte ihn in vielfältige Konflikte mit dem Adel, der es bislang gewohnt war, im Konsens mit dem König über die Belange im Reich mitzubestimmen.

Heinrichs Starrsinn löste in seiner Umgebung häufig Kopfschütteln aus. Manchem Chronisten erschien er gar als »Gewaltherrscher« oder als ein »Gesalbter des Herrn, der Sünde tue«. »Sei auf der Hut, König«, ermahnte ihn der aus sächsischem Adel stammende Missionsbischof Brun von Querfurt in einem Brief 1008, »wenn Du immer alles mit Gewalt machen willst, niemals aber mit Barmherzigkeit.« Doch die Rufe verhallten ungehört.

Rigoros ging der frisch gekürte König zum Beispiel gegen Markgraf Heinrich von Schweinfurt vor, seinen einstigen Parteigänger, der sich offenbar auf Grund von Vorabsprachen Hoffnungen auf das frei gewordene Herzogtum Bayern gemacht hatte und sich nun mit anderen Unzufriedenen, zu denen auch der Königsbruder Brun zählte, verbündete, als diese nicht erfüllt wurden. Anstatt wie üblich einen Ausgleich zu suchen, griff Heinrich II. hart durch. Ihm schien jede Empörung ein Aufstand gegen Gottes Ordnung zu sein. Mit militärischem Aufgebot ließ er die Burgen des Markgrafen bei Amberg, Bayreuth und Schweinfurt belagern und zur Übergabe zwingen. Selbst den Truppenführern, die die Burgen schleifen und niederbrennen sollten, erschien dieses Vorgehen zu hart und sie schonten die Familie so gut sie konnten. Der zunächst geflohene Markgraf suchte kurz darauf um Gnade nach, unterwarf sich im Büßergewand, doch der König bürdete ihm eine strenge Kirchenbuße auf: Fast ein Jahr lang saß der Markgraf auf der Burg Giebichenstein bei Magdeburg gefangen und musste dort Bußübungen verrichten, bevor er wieder in die königliche Gunst aufgenommen wurde. Zumindest seine Eigengüter erhielt er zurück, aber viele Reichsämter und Reichslehen verlor er an den König, womit seine Machtstellung in Ostfranken gebrochen war. Nicht wenigen Adligen erschien diese Behandlung als unmäßig hart, da sie die Forderungen des Schweinfurters nach Angaben Thietmars von Merseburg für berechtigt hielten und Heinrich verdächtigten, sich nicht an gegebene Zusagen gehalten zu haben.

Selbst gegenüber seiner eigenen Verwandtschaft zeigte sich der König unnachgiebig. Jahrelang beschäftigte ihn die Auseinandersetzung mit seinen Schwägern aus dem Hause Luxemburg. Diese entzündete sich 1008 an der Erhebung Adalberos, eines Bruders Kunigundes, zum Erzbischof von Trier, die ohne königliche Billigung erfolgt war. Da bereits ein Vertreter des Hauses, nämlich Kunigundes Bruder Dietrich, Bischof von Metz war, verweigerte Heinrich II. seine Zustimmung zur Besetzung des Trierer Erzstuhls und hielt an seinem eigenen Kandidaten Megingaud fest. Er unterstand sich sogar, die mächtige Grafenfamilie, die ihm ein weitläufiges Beziehungsnetz nach Ober- und Niederlothringen, Flandern, Elsass und Friesland eröffnet hatte, in ihrem Herzstück, in der Pfalz zu Trier, zu belagern – 16 Wochen lang! Die Belagerten litten Hunger. Kunigundes Bruder Heinrich, seit 1004 Herzog von Bayern, versuchte seinen Brüdern zu Hilfe zu eilen, wurde jedoch prompt vom König wegen seiner Parteinahme als Herzog abgesetzt, obwohl die bayerischen Großen zu ihm hielten. Kunigunde versuchte zwischen dem König und ihren Brüdern zu vermitteln, stellte sich dabei aber keineswegs gegen ihren Gatten. Bis zur Wiedereinsetzung des Luxemburgers 1018 verblieb das bayerische Herzogtum in der Hand des Königspaares, wobei Kunigunde selbst viele herzogliche Pflichten wahrnahm.

Die im 4. Jh. vermutlich unter Kaiser Konstantin errichtete Palastaula in Trier war seit 902 im Besitz der Erzbischöfe. Hinter den festen Mauern des spätantiken Baus verschanzte sich Kunigundes Bruder Adalbero von Luxemburg während seiner Auseinandersetzungen mit Heinrich II. um die Besetzung des Bischofsstuhls.

Eine besonders brenzlige Lage entstand, als der entmachtete Bayernherzog sich mit dem lothringischen Pfalzgrafen Ezzo verbündete, der wegen der reichen Mitgift seiner Frau Mathilde, einer Schwester Kaiser Ottos III., mit dem König in Streit lag. Die blutige Fehde drohte zu eskalieren. Jahrelang tobten verheerende Kämpfe. Es kam zu schweren Verwüstungen in der ganzen Region, die mächtigsten Adelsgeschlechter im Westen des Reiches standen gegen den König. Erst im allerletzten Moment lenkte Heinrich II. ein und erkannte 1012 Ezzos Erbansprüche an.

Eine Annäherung an die Luxemburger Verwandtschaft kam erst 1015 zustande, nachdem sich die Schwäger »barfuß und um Gnade flehend« (Thietmar) auf einem Hoftag in Merseburg vor aller Augen in den Staub geworfen hatten. Dennoch dauerte es noch lange, bis unter Vermittlung des Erzbischofs von Köln ein tragfähiger Ausgleich zustande kam:

Das Verbot der Nah-Ehen
Unter dem Einfluss des sich ausformulierenden kanonischen Rechts wurde im 11. Jh. immer heftiger die Frage nach verbotenen Verwandtenehen diskutiert. Schon im dritten Buch Mose (AT) fanden sich Bestimmungen, die »Unzucht mit Verwandten« vermeiden helfen sollten. Umstritten war unter Theologen und Kirchenrechtlern jedoch, bis zu welchem Verwandtschaftsgrad die Verbote gelten sollten und wie die Zählweise zu handhaben sei. Nach germanischem Brauch zählte man die Abfolge der Generationen einfach linear durch, sodass Cousin und Cousine als Verwandte zweiten Grades galten. Nach römischem Recht zählte man von einer Person zurück (aufsteigend) bis zum gemeinsamen Urahn und von diesem ausgehend nach vorne (absteigend) bis zur anderen Person. Damit wären Cousin und Cousine Verwandte vierten Grades gewesen. Das Kirchenrecht bevorzugte zunehmend die strengere Zählweise und verbot Ehen unter Verwandten bis zum sechsten oder siebten Grad. Heinrich stellte sich als König auf die Seite der kanonischen Bestimmungen, nutzte nebenbei den Konflikt aber auch, um seinen Adel zu disziplinieren. Denn die Regelung stellte nicht wenige Adelsfamilien vor ungeahnte Herausforderungen, da Heiraten innerhalb des eigenen Verwandtschaftsverbandes allgemein üblich waren. Wer mit wem im sechsten oder siebten Grad verwandt war, ließ sich häufig gar nicht mehr genau rekonstruieren.

Dietrich, dessen Bischofsstadt Metz im Verlauf der Auseinandersetzung drei Jahre lang belagert worden war, blieb bis zu seinem Tod Bischof; sein Bruder bekam das Herzogtum Bayern zurück. Kunigunde persönlich nahm die Investitur ihres Bruders mit dem Herzogtum Bayern 1018 in Regensburg in einer feierlichen Zeremonie vor. Gleichwohl zeigte sich die bayerische Herzogsmacht geschwächt. Hinweise darauf, dass der Luxemburger in die alten starken Herzogsrechte eingetreten und auf Königs- und Herzogsgut zugegriffen hätte, fehlen; ebenso die Besetzung der bayerischen Bischofsstühle, die er an den König verlor. Auch die bedeutendsten bayerischen Klöster hatte der König inzwischen unter seinen eigenen Schutz geholt, sodass dem bayerischen Herzog nicht mehr viel zu regieren übrigblieb. Selbst das Münzrecht musste er mit Bischöfen und König teilen.

Machtballungen, die sich seiner Kontrolle entzogen, waren dem König ein Gräuel. Dies bekam auch Otto von Hammerstein zu spüren, der als letzter Spross der rheinfränkischen Konradiner im Mannesstamm mehrere Grafschaften in seiner Hand vereinigte und über seine Frau Irmingard auch im östlichen Franken reich begütert war. Heinrich verlangte unter dem Vorwand der zu engen Verwandtschaft die Auflösung der Ehe. Irmingards Großmutter väterlicherseits war die Urgroßtante Ottos mütterlicherseits. Auf einer Synode in Nimwegen ließ er 1018 das Paar, das trotz mehrmaliger Vorladungen nicht zu Verhandlungen erschienen war, exkommunizieren. Als sich die Eheleute immer noch nicht trennten und sogar gegen den Mainzer Erzbischof, der die Verurteilung vorantrieb, vorgingen, belagerte der König die südlich von Andernach am rechten Rheinufer gelegene Stammburg Hammerstein, hungerte sie aus und zwang das Ehepaar zur Aufgabe. Die rheinischen und fränkischen Besitzungen der Familie gingen an das Bistum Bamberg, wodurch die Position der Konradiner deutlich geschwächt wurde.

Obwohl sich Otto von Hammerstein unterwarf, zogen sich die Querelen jahrelang hin. Irmingard appellierte gar an den Papst, um ihre Ehe zu halten. Der Mainzer Erzbischof Aribo wandte sich dagegen an Kunigunde um Vermittlung. Eine Lösung fand sich jedoch bis zum Tod Heinrichs II. nicht.

Auch der Salier Konrad, Heinrichs Nachfolger im Königtum 1024, sah sich solchen schwerwiegenden Vorwürfen ausgesetzt: Seine Ehe mit Gisela, einer Tochter Herzog Hermanns von Schwaben, galt ebenfalls als zu nah; dennoch hielt er an ihr fest. Auch hier mag die Konkurrenz zum mächtigen Geschlecht der Salier der Ausgangspunkt für den Konflikt gewesen sein.

So zeigte sich Heinrichs Königszeit geprägt von schweren Auseinandersetzungen mit dem Adel. Die notwendige Milde, die »*clementia*«, ließ er vermissen. Offenbar machte ihn seine sakrale Auffassung vom Königtum gegenüber Kritik an seiner Amtsführung unempfindlich.

DER GEGENSPIELER IM OSTEN: BOLESLAW CHROBRY

Einer, der besonders scharf Heinrichs Unnachgiebigkeit zu spüren bekam, war der Polenherzog Boleslaw Chrobry, der zu den engsten Vertrauten Ottos III. gezählt hatte und von diesem auf einer Wallfahrt nach Gnesen im Jahr 1000 in einer besonderen Weise durch eine Festkrönung geehrt und in einen außergewöhnlichen Freundschaftsbund aufgenommen worden war. Angesichts der vielfältigen Verschwägerung des Polenherzogs mit sächsischen Adelsgeschlechtern fühlte sich dieser als gleichberechtigter fürstlicher Lehensträger im Reich und nicht als tributabhängiger Vasall und wollte entsprechend vom neuen König behandelt werden.

Doch Heinrich II. ging von Anfang an auf Distanz. Nach der Ermordung Ekkehards von Meißen beanspruchte Boleslaw die Mark Meißen für sich, erhielt aber 1002 auf dem Fürstentag in Merseburg lediglich die Lausitz und das Milzener Land übertragen, obwohl er zuvor dem neuen König gehuldigt hatte. Ein hässlicher Zwischenfall folgte: Beim Verlassen der Burg Meißen geriet Boleslaw mit seinem Gefolge in einen Hinterhalt und konnte sich nur durch die Hilfe seiner Parteigänger Heinrich von Schweinfurt und Bernhard von Sachsen aus der misslichen Situation befreien. Er beschuldigte den König, den Überfall initiiert oder zumindest nicht verhindert zu haben, und brannte die Burg Strehla nieder. Damit begann eine erbitterte Auseinandersetzung, die sich bis 1018 hinzog. Mehrere Feldzüge und Friedensschlüsse wechselten einander ab, doch unterwerfen konnte Heinrich seinen Gegner bis zuletzt nicht.

Eine besonders schlechte Presse brachte ihm sein Bündnis mit den heidnischen Liutizen ein, das er 1003 in Quedlinburg einfädelte, um Boleslaw, der inzwischen auch in die böhmischen Thronwirren eingegriffen hatte, zu bekämpfen. Heinrichs christliche Gefolgsleute zeigten sich entsetzt: Wie konnte der gesalbte König nur zu solchen Mitteln greifen? Der Missionsbischof Brun von Querfurt, der sich in päpstlichem Auftrag seit 1002 ganz der Slawenmission verschrieben hatte und gute Beziehungen zum christlichen Herzogshof in Polen unterhielt, machte Heinrich ungeschminkte Vorwürfe: »Ist es recht, ein christliches Volk zu verfolgen und ein heidnisches zum Freund zu haben? Wie kommt Christus zu Belial? (...) Mit welcher Stirn schreiten die Heilige Lanze und die teuflischen Feldzeichen derer, die sich von Menschenblut nähren, nebeneinanderher?«, fragte er in einem Brief von 1008. Heinrich II. hatte damit offenbar weniger Probleme. Er kannte auf Grund der guten bayerisch-böhmischen Beziehungen die älteren Bündnisse der christlichen Böhmenkönige mit den Liutizen und stellte sich damit in deren Tradition.

Doch militärisch bewegte Heinrich damit nicht viel. Einige sächsische Große unterstützten mehr oder weniger offen den polnischen Herzog. Nur die sächsischen Bischöfe und vor allem Königin Kunigunde, die bei Abwesenheit ihres Gatten über die östlichen Grenzen wachte, unterstützten Heinrich vorbehaltlos. Kunigunde hielt die Stellung in Sachsen – ihre Aufenthalte dort sind für die Jahre 1005,1012,1015 und 1017 belegt – und berief 1012 nach dem Tod Erzbischof Walthards von Magdeburg selbständig das Landesaufgebot ein, das sie bis zum Eintreffen Heinrichs am Fluss Mulde versammelte.

Vier Jahre später organisierte sie laut Thietmar erneut die Landesverteidigung in Sachsen. Dennoch blieb ein entscheidender militärischer Sieg über Boleslaw aus – ebenso wie eine Unterwerfungsgeste des rebellischen Herzogs, die Heinrich anscheinend erwartete. Brun von Querfurt warf dem König vor, diesbezüglich »Unmögliches« vom Polenherzog zu verlangen. Die Zusammenkunft der beiden Streithähne in Merseburg 1013, während der Boleslaw dem König erneut huldigte und ihm als Schwertträger beim Kirchengang diente, erfüllte nicht die Kriterien eines Bußaktes, sondern bewegte sich im

Rahmen der üblichen Lehensbindungen. Boleslaw erfuhr sogar eine weitere Ehrung, da er für seinen Sohn Mieszko die Hand der Tochter des Pfalzgrafen Ezzo erhielt und für seinen Feldzug ins Kiewer Großreich von Heinrich ein Truppenkontingent zur Verfügung gestellt bekam.

Doch beendet war der Streit damit immer noch nicht. Die unterschiedliche Auslegung von Vasallenpflichten bot dafür viele Ansätze. Erst 1018 kam es im Frieden von Bautzen zu einem »Ermüdungsfrieden«. Der Status quo wurde beibehalten, eine Unterwerfung des Polenherzogs fand nicht statt. Damit hatte sich Boleslaw in seinem Streben nach Gleichrangigkeit durchgesetzt. Polen etablierte sich als eigenständiges, selbstbewusstes und christliches Reich.

HANDLUNGSSPIELRÄUME EINER KÖNIGIN

Kunigunde trat wie ihre Vorgängerinnen Adelheid († 999), Gemahlin Ottos des Großen, und Theophanu († 991), Gattin Ottos II., als selbstbewusste und eigenständig handelnde Herrscherin hervor. Weihe, Salbung und Krönung zur Königin und später Kaiserin legitimierten sie zur Mitherrschaft. In den Urkunden wird sie als *»consors regni«* bezeichnet.

Die Teilhabe an den Reichsgeschäften, die zu den traditionellen, seit karolingischer Zeit bezeugten Aufgaben einer Königin in Hofhaltung und Repräsentation traten, konnte eine Herrscherin des 10. Jhs. auf unterschiedlichen Wegen verwirklichen: Vor allem als Ratgeberin und Fürsprecherin brachte sie ihren Einfluss zur Geltung, war sie es doch, die als engste Vertraute des Königs sein Ohr für Anliegen verschiedenster Art öffnete.

Kunigunde scheint auf diese Weise äußerst erfolgreich gewesen zu sein: In fast einem Drittel der Urkunden Heinrichs II. wird sie als Intervenientin (Fürsprecherin) genannt. Dabei konnte sie nachdrücklich oder schmeichelnd auftreten, wie manche Formulierungen der Urkundenschreiber anklingen lassen (mit »hartnäckigem Mahnen«, »inständiges Flehen«, auf »Antreiben« oder »mit süßem Verlangen«), um die Gewährung von Privilegien, Schenkungen und Besitzbestätigungen zu erwirken. Die hohe Anzahl ihrer Interventionen deutet darauf hin, dass Kunigunde sich sehr häufig am umherreisenden Hofe und in der Nähe ihres Gatten befand. Bei den Begünstigten handelte es sich überwiegend um kirchliche Einrichtungen bevorzugt im süddeutschen Raum, aber auch weltliche Große wie Hermann von Schwaben oder Bernhard von Sachsen vertrauten auf ihren Einfluss, wenn sie eine Versöhnung mit dem Reichsoberhaupt erzielen wollten. Selbst die mächtigsten Männer des Reiches wie die Erzbischöfe von Mainz und Köln und viele andere Bischöfe versicherten sich der Unterstützung Kunigundes, bevor sie beim König vorstellig wurden.

Konkrete Regierungsaufgaben übernahm sie bei Abwesenheit ihres Gatten. So sorgte sie 1012 und 1016 für die Sicherung der gefährdeten Reichsgrenze nach Osten. Selbstständig bestellte sie das Landesaufgebot und organisierte gemeinsam mit den maßgeblichen Fürsten die Grenzverteidigung. Ebenso selbstständig nahm sie 1018 in Regensburg die erneute Belehnung ihres Bruders mit dem Herzogtum Bayern vor. Nach dem Tod ihres Ehemannes sieht man sie erneut als selbstständig Handelnde, indem sie für eine geordnete »Regierungsübergabe« sorgte und die Reichsinsignien sicher verwahrte, bis sie nach der Wahl eines neuen Königs an diesen ausgehändigt werden konnten.

Erst in salischer Zeit, als die großen Reichsfürsten immer mehr an Einfluss gewannen, während das Königtum durch den Investiturstreit Macht einbüßte, verloren auch die Herrscherinnen zunehmend ihre Handlungsspielräume. Die Frauen an der Seite der Stauferherrscher spielten reichspolitisch nur noch eine marginale Rolle.

BLICK NACH WESTEN: DAS VERHÄLTNIS ZU FRANKREICH UND BURGUND

Etwas erfreulicher nahmen sich die Perspektiven gegenüber Frankreich und Burgund aus. Mit dem westfränkischen König Robert II. konnte Heinrich II. ein Verhältnis auf Augenhöhe etablieren. Ein gemeinsamer Feind stand Pate bei diesem Freundschaftsbund: Nach dem Tod Herzog Ottos von Nieder-

Die heidnischen Elbslawen

Im weiten Raum zwischen Elbe und Oder lebten bis ins 12. Jh. hinein heidnische, zu den Westslawen zählende Stämme. Die Liutizen bildeten einen losen Bund mehrerer Teilstämme, deren Siedlungsgebiet von den Flüssen Warnow, Peene und Tollense (Mecklenburg-Vorpommern) bis ins Havelland, Ruppiner Land und in die Uckermark reichte. Ihr kultisches Zentrum besaßen die Liutizen im befestigten Heiligtum Riedegost/Rethra, in dem sie nicht nur ihren Gottheiten huldigten, sondern auch das Orakel befragten und das Heeresaufgebot bestellten. 983 ging von diesem religiösen Zentrum, das nicht eindeutig zu lokalisieren ist, das Fanal zum großen Slawenaufstand aus, der die Missionserfolge Ottos des Großen jenseits der Elbe zunichtemachte und die Bistumssitze von Havelberg und Brandenburg zerstörte. Einer Christianisierung widersetzten sich die Liutizen seitdem erfolgreich. Trotzdem waren sie immer wieder geschätzte Bündnispartner christlicher Fürsten. Das böhmische Herzogsgeschlecht der Premysliden ging mehrmals Bündnisse mit ihnen ein, so auch 990 im Kampf gegen den Herzog von Polen. Heinrich II., dessen bayerischer Herzogshof traditionell gute Beziehungen zu Böhmen unterhielt, knüpfte an diese Verbindungen an, als er 1003 die Liutizen gegen Boleslaw Chrobry zu Hilfe rief. Damit verhinderte er aber auch eine Missionierung der elbslawischen Stämme, was ihm der Missionsbischof Brun von Querfurt mit harschen Worten vorhielt. Heinrichs Politik verzögerte die Eingliederung der Liutizen in den christlichen Kulturkreis in der Tat um mehr als ein Jahrhundert.

lothringen griff der mächtige Graf Balduin IV. von Flandern 1006 in die Streitigkeiten um das zum Reich gehörende Herzogtum ein und brachte die Stadt Valenciennes an der Schelde unter seine Kontrolle. Da Balduin ein Lehensmann und ehe-

Zu den hartnäckigsten Widersachern der Politik Heinrichs II. zählte der polnische Herzog Boleslaw Chrobry. Auf der Bronzetür des Doms von Gnesen ist er in seiner Rolle als aktiver Christ dargestellt: Er kauft den Leichnam des ermordeten Missionars und Heiligen Adalbert von Prag von den Heiden frei.

maliger Stiefsohn Roberts II. war, gab dieser Vorfall den Anlass zu einem »Gipfeltreffen« der beiden Könige. Um Rang- und Protokollfragen zu vermeiden, trafen sich die beiden Herrscher in Booten mitten auf dem Grenzfluss Maas in der Gegend von Mézières, sodass keiner von ihnen sein Herrschaftsgebiet verlassen musste.

Es kam zum Abschluss eines Freundschaftsbündnisses, das ein gemeinsames Vorgehen gegen den flandrischen Grafen und seinen Kampfgefährten Lambert I. von Löwen vorsah. Heinrich II. unternahm noch 1007 einen Feldzug gegen Flandern, nahm Gent ein und zwang Balduin, Valenciennes zu räumen und sich ihm im Herbst desselben Jahres in Aachen zu unterwerfen. Balduin musste Geiseln stellen und einen Treueid leisten.

Es war ein geschickter diplomatischer Schachzug, als Heinrich II. einige Jahre später dem expansionsfreudigen Grafen ausgerechnet Valenciennes und die Halbinsel Walcheren in der Provinz Zeeland als Lehen zurückgab, denn diese Initiative ermöglichte es ihm umgekehrt, im gesamten flandrischen Raum mehr Einfluss zu gewinnen. Kunigunde war mit ihrem verwandtschaftlichen Netz in diesen ausgleichenden Akt miteingebunden: Ihre Nichte Otgiva, Tochter ihres Bruders Friedrich, heiratete Balduin und verstärkte dadurch die neuen Bande mit dem Herrscherhaus. Der Graf von Flandern wurde damit der Vasall zweier Herren: des westfränkischen wie des ostfränkischen Königs.

Weitere Vertrauensmänner unterstützten Heinrichs erstarkende Position in diesem Raum: Gerhard als Bischof von Cambrai, der – mit weitreichenden Grafenrechten ausgestattet – auch die weltliche Macht in seinem Bistum ausübte, sowie Gottfried von Verdun, seit 1012 neuer Herzog von Niederlothringen, der aus dem Haus der reichstreuen Ardennergrafen stammte.

Nicht minder günstig nahmen sich die Verhältnisse im Königreich Burgund aus. Hier regierte ein Onkel Heinrichs II., König Rudolf III. von Burgund (reg. 993–1032), ein (Halb-)Bruder Giselas. Er bestimmte 1006 bei einem persönlichen Treffen Heinrich zu seinem Erben und überließ ihm als Unterpfand für sein Versprechen die Stadt Basel. Die Bischofsstadt, deren Bistumssprengel teilweise schon auf Reichsgebiet lag, stellte einen wichtigen Handels- und Verkehrsknotenpunkt am Oberlauf des Rheins und damit einen bedeutenden Zugewinn an strategischer Macht für das Reich dar. Zehn Jahre später sah sich der vom burgundischen Grafen Otto-Wilhelm bedrängte Rudolf erneut genötigt, seine Zusage bei einer Zusammenkunft in Straßburg zu bekräftigen: Er stellte sein Reich mitsamt seinen beiden Stiefsöhnen unter den Schutz Heinrichs.

Wie ernst Heinrich seinerseits seine Schutzfunktion nahm, bewies er durch einen Feldzug in burgundisches Gebiet, der allerdings gegenüber dem dominanten Grafen Otto-Wilhelm wirkungslos blieb. Im Februar 1018 trafen sich Rudolf und Heinrich deshalb zum dritten Mal – und zwar in

Das Basler Antependium

Zu den Prunkstücken mittelalterlicher Goldschmiedekunst gehört das sog. Basler Antependium, das an ausgewählten, besonderen Festtagen die Vorderseite des Hochaltars im Münster heraushob und zierte. Jahrhundertelang wurde der kostbare Altarvorsatz im Münsterschatz aufbewahrt, bevor er durch Verkauf im 19. Jh. ins Pariser Musée National du Moyen Âge gelangte, wo er noch heute liegt.

Die aus dünnem Goldblech getriebene, 120 cm hohe und etwa 175 cm breite Altartafel gelangte als Schenkung Heinrichs II. und Kunigundes vermutlich anlässlich der Weihe des neu erbauten Münsters am 11. Oktober 1019, welcher der Herrscher persönlich beiwohnte, nach Basel. Ob sie ursprünglich auch für diesen Altar geschaffen wurde, ist aber ebenso umstritten wie ihr Entstehungsort. Auf Grund des ausgewählten Figurenprogramms könnte das Antependium genauso gut für Bamberg (Kloster Michelsberg) geplant gewesen und in einer dortigen Werkstatt angefertigt worden sein. Auch Fulda, Regensburg oder Lothringen kommen als Entstehungsorte in Frage.

Das Kunstwerk erstrahlt in den kostbarsten Materialen: Gold, Perlen, Edelsteine. Es ist damit ganz auf die Herrlichkeit Christi bezogen. Der Gottessohn wird, wie die Inschrift direkt über seinem Kopf anzeigt, als »König der Könige« und »Herr der Herrscher« dargestellt – mit edelsteinverziertem Nimbus und erhobener Segenshand unter einer weiten Mittelarkade stehend. Zum Zeichen seiner universalen Herrschaft hält Jesus Christus eine goldene Kugel mit seinem Monogramm und den griechischen Buchstaben Alpha und Omega in seiner Linken.

Der Herrscher über Himmel und Erde wird von vier Figuren begleitet, die neben ihm unter kleineren Arkaden stehen: Zu seiner Rechten ist der mächtige Erzengel Michael zu sehen, daneben der Mönchsvaters Benedikt von Nursia mit Buch und Abtstab. Zur Linken Christi

stehen die Erzengel Gabriel und Raphael. Reiches Rankenwerk, darin eingebettet Medaillons mit den Allegorien der vier Kardinaltugenden, umgibt die gesamte Figurengruppe.
Zu Füßen des segnenden Salvators knien klein und demütig auf Pflanzenhügeln die Stifter, Kaiser Heinrich und seine Gemahlin Kunigunde, die die Gnade Gottes erflehen: »Wer ist wie Gott, stark, ein Arzt, ein Heiland, ein Gepriesener? Sorge, gütiger Mittler für die irdischen Wesen«, steht in großen lateinischen Buchstaben ober- und unterhalb der Tafel geschrieben. Die Bitte um Erlösung, die mit lateinischen, aber auch mit griechischen und hebräischen Wörtern wie *»soter«* oder *»hel«* ausgedrückt wird, soll die Bildung der Auftraggeber hervorheben. In allen drei »heiligen« Sprachen fleht das kaiserliche Stifterpaar angesichts des nahenden Jüngsten Gerichts um Erbarmen. Am Ende der Zeiten, beim großen Weltgericht, so hoffen Kunigunde und Heinrich, würden ihnen die mächtigen Erzengel und der hl. Benedikt, die sie ein Leben lang verehrten, beistehen und den höchsten Richter gnädig stimmen. Ihre Frömmigkeit stellen sie mit der kostbaren Stiftung unter Beweis.
Das wertvolle Geschenk ehrte gleichzeitig den Beschenkten, den Bischof von Basel. Heinrich II. förderte nach Kräften die bedeutsamen Bischofsstadt, die als »Tor nach Burgund« galt. Dem Bischof übertrug er viele Rechte und Güter, um dessen Position im Oberrhein- und Juragebiet zu stärken. Basel wuchs infolgedessen von einer ländlich geprägten Siedlung zu einer prächtigen Stadt heran.
Gemeinsam mit dem sog. Heinrichskreuz und weiteren, heute verschwundenen Gaben bildete das Antependium den Kernbestand des Basler Münsterschatzes. Heinrich und Kunigunde wurden in Basel daher auch noch lange nach ihrem Tod geschätzt und als Heilige verehrt.

Diesen kostbaren Altarvorsatz aus Gold stifteten Heinrich und Kunigunde dem Basler Münster vermutlich zu dessen Weihe im Oktober 1019. Als winzige Stifterfiguren sind sie zu Füßen Christi zu erkennen.

Mainz. Hier kam es vor den Augen der anwesenden burgundischen Großen zu einer inszenierten Machtübergabe: Rudolf übergab Heinrich Krone und Szepter und damit symbolisch die Herrschaftsrechte über sein burgundisches Königreich. Heinrich gab ihm die Insignien zwar zurück, doch war er damit bereits zu Lebzeiten seines Onkels in die Macht über Burgund eingewiesen.

In den Genuss seines politischen Erfolges kam Heinrich jedoch nicht mehr persönlich; sein Tod verhinderte dies. Aber sein Nachfolger Konrad II. konnte auf Grund dieser Vereinbarungen 1032/33 die Königsherrschaft in Burgund antreten und damit die Kronen des ostfränkischen Reiches, Burgunds und Italiens zusammenführen, die in Zukunft gemeinsam das Heilige Römische Reich bilden sollten.

6 Schmuck der ganzen Welt: Bamberg

EINE HERZENSANGELEGENHEIT

»Hier leuchtet die Fülle des Silbers mit Bergen von Gold, unterschiedliche Edelsteine liegen neben schimmernden Seidenstoffen. Diese ist die Hegerin der Mittellosen, die Beherrscherin der Großen, diese ist das Haupt der Welt, hier ist aller Ruhm gegründet. (...) Unter deiner Herrschaft wächst sie stets und grünt immer, sie blüht, reift und überdauert die kommenden Jahrhunderte.« Der gelehrte Abt Gerhard von Seeon fand in seinem Preisgedicht (1007–1014) beredte Worte für den Ruhm und den Glanz des neu errichteten Bistums Bamberg mitsamt seinen Kirchen.

Der Anblick des erhaben auf dem Burghügel thronenden Domes, Vorläufer der heutigen Kathedrale, muss im 11. Jh. überwältigend gewesen sein: eine dreischiffige, 75 m lange, flachgedeckte Säulenbasilika mit zwei Chören und zwei Krypten, einem mächtigen Querhaus im Westen und einem Turmpaar im Osten, dazu acht Altäre mit einem exquisiten Reliquienschatz, der die beeindruckende Kirche aus Stein zusätzlich mit den Schätzen des Überirdischen überhöhte – ein Wunderwerk am Rande des Steigerwalds!

Heinrichs großer Einsatz um die Gründung des Bistums und den Ausbau des an der Regnitz gelegenen Ortes zu einem Repräsentationsraum ersten Ranges lassen erahnen, wie wichtig ihm diese Stiftung gewesen sein muss. Er setzte jahrelang alles daran, das neue Bistum aus der bereits bestehenden Kirchenordnung herauszuschneiden und Wirklichkeit werden zu lassen. Auch von Widerständen ließ er sich nicht beirren. So kann man die Gründung des Bistums gut und gern als das »Herzstück« seiner Politik bezeichnen – ein frommes, gemeinsam mit Kunigunde umgesetztes Werk, das die Jahrhunderte überdauerte und ihm und seiner Frau später die Heiligsprechung bescherte.

Welche Motive das Paar zu dieser Stiftung trieben, darüber schweigen die Quellen ausnahmsweise nicht. Thietmar von Merseburg berichtet, dass die Kinderlosigkeit der Eheleute den Ausschlag dafür gegeben habe. Sie hätten Christus selbst zu ihrem Erben erwählt, da sie auf eigene Nachkommen nicht mehr hoffen durften. Auch das Gründungsdokument des Bistums, das Protokoll der Frankfurter Synode vom 1. November 1007, verschweigt den tragischen Hintergrund nicht und erklärt ausdrücklich, Heinrich wolle Gott selbst zu seinem Erben erwählen. Ihm zu Ehren, so führt das Protokoll weiter aus, sollten auch die im oberfränkischen Raum noch vereinzelt lebenden heidnischen Slawen missioniert werden, »damit das Gedächtnis des christlichen Namens dort dauerhaft gefeiert werde«.

Die Ausführungen lassen erahnen, worum es vorrangig ging: um die Sicherung des eigenen Seelenheils durch eine fromme, überaus großzügige Stiftungstat; um die Verbreitung des Christentums in einem noch heidnisch-christlichen Mischgebiet als vornehmste Pflicht eines christlichen Königspaares; gleichzeitig um die Schaffung einer würdigen Grablege, an der ein fleißig betender Domklerus anstelle der eigenen Nachkommen das Gedächtnis an die beiden Stifter für »ewige Zeiten« bewahrte. Die Furcht vor dem Vergessen plagte das kinderlose Königspaar offenbar in besonderem Maße. Darüber hinaus sprachen wohl auch einige politische Gründe für die Schaffung eines neuen Bistums in Ostfranken. So bildete die Gegend um Bamberg einen Brückenkopf zwischen den bayerischen und sächsischen Gebieten des Königs, was insbesondere bei Feldzügen gegen Polen und Böhmen zum Tragen kam. Das Itinerar Heinrichs zeigt, wie häufig er sich in Bamberg aufhielt und wie wichtig dieser Ort damit als Verkehrsknotenpunkt für ihn war. Nach der Entmachtung des Markgrafen Heinrich von Schweinfurt bot sich überdies die einmalige Chance, durch das neue Bistum eine starke königstreue Stütze im Radenz- und im Volkfeldgau zu etablieren, die zuvor teils zum Amtsbereich des Schweinfurters gezählt hatten.

Doch darf man die politischen Motive wohl nicht überschätzen. Heinrich liebte Bamberg von Jugend an und übertrug den Ort als Morgengabe an seine junge Gemahlin. Ihrem »Lieblingsplätzchen« brachten beide zeitlebens großes Interesse entgegen; beide waren entschlossen, ihn nach Kräften zu fördern.

DIE BURG BABENBERG

Der am äußersten Ostrand des Frankenreiches gelegene Raum zwischen Main und Regnitz war zwar früh besiedelt, wie archäologische Zeugnisse belegen, doch trat er erst relativ spät in die geschichtliche Überlieferung ein. Franken und Slawen lebten hier lange gemeinsam nebeneinander und trieben entlang der großen Flüsse regen Handel. Erste Siedlungsspuren auf dem Bamberger Domberg reichen bis in die Zeit von 4000 v. Chr. zurück. Im 8. Jh. existierte dort eine Siedlung mit einer Mischbevölkerung aus Germanen und Slawen, die bereits überörtliche Bedeutung genoss. In der Zeit Karls des Großen, etwa in den Jahren um 800, errichtete man auf dem Areal des heutigen Domes und der Alten Hofhaltung eine größere, mit Mauerzügen geschützte Burg zur Sicherung der Transportwege Main und Regnitz. Sie befand sich in der Hand eines örtlichen Grafengeschlechts. Schriftlich erwähnt wurde sie jedoch erst 902 in der Chronik des Regino von Prüm (um 840–915) als »Castrum Babenberg« im Zusammenhang mit einer erbitterten Adelsfehde, die damit endete, dass die strategisch wichtige Befestigung unter die Kontrolle des Königtums kam. Kaiser Otto II. konnte sie daher 973 dem bayerischen Herzog Heinrich dem Zänker als »Kompensation« für die entgangene Königskrone schenken.

Die Burg muss zu diesem Zeitpunkt bereits stattlich ausgebaut worden sein, denn Otto der Große sah sie 964 als Exils-Ort für den entmachteten italischen König Berengar und seine Gattin Willa vor, die hier, wie ausdrücklich betont wird, in »ehrenvoller Haft« gehalten werden konnten. Starke Befestigungsanlagen sicherten das etwa knapp vier Hektar umfassende Wohn- und Wirtschaftsareal ab, zu dem eine Burgkirche mit Friedhof gehörte. Reste dieser Kirche sowie des Friedhofes ließen sich archäologisch in der Nordhälfte des heutigen Dom-Langhauses nachweisen. Der Sakralbau muss recht repräsentativ ausgefallen sein, denn der in Haft verstorbene Berengar konnte darin »wie ein König« bestattet werden. Da die Lage der Kirche und der im rechten Winkel anschließenden Pfalzbauten für die nachfolgende Bebauung bestimmend blieb, muss diesem sakralen und herrschaftlichen Zentrum bereits große Bedeutung zugekommen sein. Zu Füßen des Burg- bzw. Domhügels entfaltete sich allmählich eine stadtähnliche Siedlung.

Heinrich II. konnte bereits auf vorhandene Strukturen aufbauen, als er daran ging, sein Projekt »Bistumsgründung« in Angriff zu nehmen. Da er selbst inzwischen König geworden war, stand die Babenburg für königliche Pläne wieder zur Verfügung. Und Heinrich scheute keinen Vergleich: Wie Karl der Große in Aachen oder Otto der Große in Magdeburg wollte nun auch er einen neuen, prächtig ausgebauten Herrschaftsmittelpunkt schaffen, der Residenz und sakrales Zentrum zugleich war.

DER LANGE WEG ZUR BISTUMSGRÜNDUNG

Schon kurz nach seiner Königserhebung verfolgte Heinrich entschlossen, wenn auch noch nicht offen, das Ziel, ein neues Bistum zu begründen. So ließ er kurz nach seinem Herrschaftsantritt die Fundamente zu einem großen Kirchenneubau, der die Burgkirche ersetzte, legen. In den Proportionen ahmte dieser Bau nicht weniger als Alt-St. Peter nach: Wie die römische Peterskirche machte auch der Heinrichsdom den Westchor zum liturgischen Zentrum, hervorgehoben durch ein mächtiges Querhaus, und stellte sich mit dem Petruspatrozinium bewusst in die Tradition des Apostelgrabes. Bereits vor dem 6. Mai 1007, dem Geburtstag des Königs, an dem zwei Schenkungsurkunden zugunsten der Bamberger Kirche unterzeichnet wurden, waren die ersten Bauteile des Domes so weit fertiggestellt, dass die Hauptaltäre zu Ehren der Jungfrau Maria, des hl. Georgs und des Apostels Petrus geweiht werden konnten. Die Patrozinien bezogen damit die gesamte, damals noch ungeteilte Christenheit in die Bamberger Kirche mit ein: Georg als Patron des byzantinischen Ostens, Petrus als Haupt der westlichen Kirche, Maria als Mutter aller Christen. Als Erstausstattung übertrug Heinrich der neuen Kirche Besitz im Volkfeld- und im Radenzgau.

Vertrauliche Gespräche mit Bischof Heinrich von Würzburg folgten, denn auch als gesalbter König war Heinrich nicht befugt, in die bestehende Diözesanstruktur einzugreifen – und Bamberg lag im Sprengel der dortigen Diözese. Nach längerem Drängen gab der Bischof jedoch seine Einwilligung zu einem Gebietstausch, der die Einrichtung einer neuen Diözese ermöglichte.

Es war ein erster Etappensieg, als am 25. Mai 1007 auf einer Pfingstsynode in Mainz vor vier Erzbischöfen und 12 Bischöfen die Pläne erstmals öffentlich gemacht wurden und Bischof Heinrich zum Zeichen seiner Zustimmung den Bischofsstab an den König übergab. Thietmar berichtet allerdings, dass es noch weitere Geheimabsprachen gegeben haben soll: So hoffte der Bischof auf eine Erhebung zum Erzbischof mit dem Suffraganbistum Bamberg. Allerdings hätte dafür der Mainzer Erzbischof Willigis zustimmen müssen, der diesbezüglich aber noch gar nicht gefragt worden war. Auf der Mainzer Synode war davon jedenfalls nicht die Rede. König Heinrich taktierte offenbar mit größter Geschicklichkeit.

Einen durfte er jedoch keinesfalls in der Schwebe halten: den Papst. Sofort nach der Mainzer Synode schickte er zwei Gesandte nach Rom zu Johannes XVIII. Dieser ließ sich die Pläne erläutern und stimmte dem Vorhaben zu. Er nahm das neue Bistum, das der König durch »göttliche Eingebung aus Erbbesitz zum eigenen Seelenheil« gründen wolle, unter seinen bevorzugten Schutz, schrieb aber auch dessen Zugehörigkeit zur Mainzer Erzdiözese fest. Damit war Heinrich zwar einen Schritt weiter – doch blieb noch Überzeugungsarbeit beim enttäuschten Würzburger Bischof zu leisten.

Eine neue Synode trat am Allerheiligentag, dem 1. November 1007, in Frankfurt am Main zusammen. Alles, was Rang und Namen in der Reichskirche hatte, versammelte sich hier – insgesamt 35 Bischöfe und Erzbischöfe –, nur der verärgerte

Würzburger Kollege fehlte und ließ sich durch einen Kapellan vertreten. Hart prallten die Positionen aufeinander. Nicht alle waren einverstanden, dem König seinen Willen auch ohne die Zustimmung des betroffenen Ortsbischofs zu gewähren. Mehrfach musste sich Heinrich laut Thietmars Bericht zu Boden werfen, um der Diskussion die entscheidende Wendung zu geben. Er setzte sich durch – einen knienden König wollte niemand abweisen. Alle anwesenden Kirchenfürsten setzten ihre handschriftlichen Kreuze neben ihre Namen auf das Pergament, das die Beschlüsse der Synode protokollierte und damit die Gründung des Bistums Bamberg festschrieb. Nur der Bruder des Würzburger Bischofs, Erzbischof Heribert von Köln, entschloss sich zu einem letzten Protest, als er die Worte »auf Verlangen der Synode« über seinen Namen schrieb. Noch am selben Tag wurde der Kanzler Eberhard zum neuen Bischof von Bamberg bestimmt. Erst viel später gab der Würzburger Bischof nach Erhalt einer ordentlichen Entschädigung zuletzt doch noch seine Zustimmung zur Abtretung seiner Bistumsgebiete.

Der Triumph des königlichen Willens manifestierte sich im glanzvollen Fest der Domweihe am 6. Mai 1012. Wiederum hatte man des Königs Geburtstag gewählt, um seine große persönliche Verbundenheit mit seiner Bistumsgründung zu unterstreichen. Dieses Mal reisten 45 Bischöfe und Erzbischöfe aus dem ganzen Reichsgebiet sowie ausländische Gäste an. Der Patriarch Johannes IV. von Aquileia eilte ebenso nach Ostfranken wie der Erzbischof Ascherius von Gran aus Ungarn sowie eine römische Delegation. Die Äbtissinnen Sophie von Gandersheim und Adelheid von Quedlinburg gaben sich die Ehre, ebenso andere hochrangige Äbte zusammen mit einer unglaublich »großen Menge von Klerus und Volk«. Nach einem wohldurchdachten System nahmen die hochrangigsten Kirchenfürsten die Weihe der acht Altäre in der Kirche vor. Der ehrwürdigste unter ihnen war der Patriarch von Aquileia, der einen der ältesten Metropolitanverbände Italiens mit 16 Suffraganbistümern in Norditalien und an der Adria repräsentierte. Der Weihebericht nennt die verschiedenen Patrozi-

Mit Bamberg fühlte sich das Herrscherpaar persönlich verbunden. Nach der Gründung des Bistums stattete es seinen Lieblingsort verschwenderisch aus und machte ihn zu einem Mittelpunkt seiner Herrschaft. Der Dom ist das Prunkstück des städtebaulichen Ensembles.

nien der Altäre, ihre Reliquien und die Konsekratoren, wodurch erkennbar wird, wie sehr Heinrich bemüht war, Heilige aus allen Reichsteilen repräsentiert zu sehen. Fränkische Heilige wie Hilarius und Remigius wurden ebenso verehrt wie bayerische oder böhmische. Den Märtyrern und Bekennern auf Erden wurde die himmlische Schar der Erzengel, Apostel und der Gottesmutter Maria gegenübergestellt. Altarweihen mit Patrozinien von Heiligen aus dem Westen des Reiches nahmen dabei die Erzbischöfe von Köln und Trier vor; Altarweihen, die Heiligen aus dem östlichen Reichsteil gewidmet waren, die Erzbischöfe von Salzburg und Magdeburg. Die Hauptaltäre weihten die ranghöchsten Geistlichen, der Patriarch von Aquileia (Kreuzaltar im Langhaus), der Bischof von Bamberg (Choraltar im Westen) und Erzbischof Erkanbald

Der Bamberger Domschatz

Das neue Bistum erhielt neben Landgütern und Besitzungen gleichzeitig einen reichen Schatz an Reliquien, liturgischen Geräten, bestickten Textilien und mit Goldschmiededeckeln versehenen illuminierten Büchern, die zusammen den Grundstock des »Bamberger Domschatzes« bildeten und den Neid der Zeitgenossen weckten. Welcher heilige Ort konnte schon einen Splitter des Kreuzes Christi, einen heiligen Nagel oder eine Blutreliquie sein Eigen nennen? Für die wertvollen Reliquien stellte das Stifterpaar kostbare, mit Edelsteinen und Perlen verzierte Goldgehäuse zur Verfügung.

Für die hoch verehrten Kreuzpartikel ließ Heinrich II. ein Kreuzreliquiar, auch Heinrichs-Portatile (Tragaltar) genannt, nach byzantinischen Vorbildern anfertigen, das in seiner Form einem aufklappbaren Buchdeckel ähnelt. Durch eine Bergkristallplatte auf der Vorderseite konnte man die in Stoff gewickelten Holzpartikel im Innern betrachten. 36 große Smaragde, Saphire und Amethyste zieren das prunkvolle äußere Gehäuse. Innen umgeben Silberplättchen mit eingravierten Evangelistendarstellungen die kreuzförmige Aussparung, in der die Reliquien lagen.

Legendär waren Heinrichs und Kunigundes Buchstiftungen. Neben alten, aus karolingischer Zeit stammenden Codices wie der sog. Alkuin-Bibel aus Marmoutier bei Tours (834–843), die sie Bamberg schenkten, gaben sie eine Reihe neuer, prächtig ausgestatteter Bücher in Auftrag, die aus verschiedenen Skriptorien des Reiches (Reichenau, Regensburg, Tegernsee) stammten. Bald etablierten sich auch in Bamberg selbst ein bedeutendes Skriptorium sowie eine Goldschmiedewerkstatt. Zu den wertvollsten Neuanfertigungen zählte das Sakramentar Heinrichs II., das kurz nach 1002 in St. Emmeram in Regensburg entstand und wohl zur Domweihe 1012 nach Bamberg gelangte. Es enthält u. a. das Krönungs- und das Thronbild Heinrichs. Des Weiteren zäh-

len das Perikopenbuch mit 28 ganzseitigen Miniaturen sowie ein reich geschmücktes Evangeliar Ottos III. zu den Glanzstücken des Domschatzes.
Trotzdem lässt sich der von Heinrich und Kunigunde gestiftete Grundstock nur mangelhaft rekonstruieren, da das früheste Domschatzverzeichnis erst aus dem Jahr 1127 stammt. Dieses nennt unter den etwa 700 Stücken auch 25 bis 26 Bücher mit kostbaren Deckeln. Das meiste davon dürfte auf das Gründerpaar zurückgehen. Nach der Säkularisation 1803 gelangte der Großteil des wertvollen Buchbestandes nach München in die Bayerische Staatsbibliothek.

von Mainz (Choraltar im Osten). So versammelte der Staatsakt symbolisch die Heiligenschar des Reiches um den König.

Eine Flut von Schenkungen und Besitzübertragungen ergoss sich überdies über das neue Bistum. Heinrich stiftete nicht nur Eigenbesitz, sondern auch fränkisches Reichs- und bayerisches Herzogsgut sowie Reichsklöster. Die Grundherrschaften lagen sowohl in Franken als auch in weit davon entfernt liegenden Regionen wie in Sachsen, Thüringen, der Steiermark, Kärnten, um Salzburg oder am Oberrhein. Dafür nahm Heinrich sogar in Kauf, die bayerische Herzogsmacht zu schwächen, die den Zugriff auf bedeutende Königs- und Herzogsgüter verlor. In einem weiten Bogen um Regensburg gab er Königsgut um Nittenau und Abbach an das Bistum, Besitzrechte in Ergolding bei Landshut, in Reichenhall, in Mattighofen. Traditionsreiche Institutionen wie die Alte Pfalzkapelle in Regensburg, das Stift Osterhofen, das einst zum Einflussbereich der Liutpoldinger gehört hatte, oder das Kloster Stein am Rhein, das dem einstigen Kronkonkurrenten Hermann von Schwaben als Hauskloster diente, gingen an Bamberg. Rund 83 Schenkungsurkunden Heinrichs II. an das Bistum sind bekannt. Die neue Diözese war im Wesentlichen erst 1016 abgerundet, als der König ihr zusätzlich die nördlichen Teile des Bistums Eichstätt übertrug. Bamberg stieg damit zu einem neuen Zentrum der Königsherrschaft auf, in dem sich das sakrale Amtsverständnis des Königs manifestierte. Diese Förderung machte andererseits Franken zu einem Kernland des Reiches.

DAS WEITE HERZ DER KÖNIGIN

Für Kunigunde bedeutete die Bamberger Bistumsgründung den Verlust ihrer Morgengabe, die ihr bei der Eheschließung zur Versorgung im Alter übertragen worden war. Ihre Brüder scheinen das als schweren Affront empfunden zu haben, denn einige Nachrichten (Chronik des Sigebert von Gembloux) weisen darauf hin, dass dieser Umstand zu ihrem Aufbegehren in der »Moselfehde« beitrug, rechneten sie doch mit Kunigundes Erbe nach ihrem Tod. Von der Königin selbst sind dazu keine Äußerungen überliefert. Sie vertraute den Zusagen ihres Mannes auf eine würdige Entschädigung, die allerdings erst viele Monate nach der Bistumsgründung realisiert wurde. Erst im Frühjahr 1008, am 24. Mai, erhielt sie den Königshof Kassel mit allen dazugehörigen Besitzungen an Dörfern, Wiesen, Weiden, Mühlen, Fischteichen und Forsten einschließlich der benachbarten Waldgebiete von Kaufungen übertragen, doch sollten diese nach ihrem Ableben nicht wie eine Morgengabe in den Besitz ihrer Familie übergehen, sondern an das Reich zurückfallen. Kunigunde akzeptierte diesen Nachteil und trug das Bamberger Bistumsprojekt aus vollem Herzen mit.

Die Entscheidung für Kassel mag ihr leichtgefallen sein: Vermutlich amtierte einer ihrer zahlreichen Brüder als Graf im nordhessischen Raum, sodass sie hier familiären Rückhalt genoss. Die Hofhaltung des Königs- und Wirtschaftshofs Kassel wurde kurz nach der Übertragung an Kunigunde nach Kaufungen verlegt, wohl um die günstige Verkehrslage dieses Ortes an einem Ost-West-Handelsweg durch den Kaufunger Wald nach Thüringen nutzen zu können. Der Ort selbst stammte aus vorkarolingischer Zeit und besaß bereits eine Wallburg sowie einen eingeführten Handelsplatz, der günstige wirtschaftliche Perspektiven eröffnete, um Kunigundes Einnahmenseite zu verbessern. Wenn der reisende Hof Station machte, tat er dies fortan hier, wo die bereits bestehenden

Zu den kostbarsten Stücken des Bamberger Doms gehörte dieses von Heinrich gestiftete Kreuzreliquiar mit Partikeln des Heiligen Kreuzes. Es galt als einer der Höhepunkte der spätmittelalterlichen Heiltumsweisungen in Bamberg.

Gebäudeteile der Forstverwaltung zu einem stattlichen Palas erweitert und um eine dem hl. Georg geweihte Kapelle ergänzt wurden. So stand dem Königspaar mit seinem Gefolge eine standesgemäße Unterkunft zur Verfügung. Dem Gottesdienst konnte das königliche Paar in der Georgskapelle sogar von einer Königsempore aus beiwohnen. Bereits 1011 ist die Anwesenheit der beiden sowie hochrangiger Würdenträger wie Abt

Godehard von Hersfeld, Erzbischof Tagino von Magdeburg und Kanzler Gunther durch eine Urkunde, in der »Coufungon« erstmals erwähnt wird, überliefert. Weitere Aufenthalte folgten in den Jahren 1015, 1017, 1019 und 1020.

1017 trat eine Wende in der Geschichte des Ortes ein. Die Königin erkrankte in Kaufungen so schwer, dass sie in ihrer Not gelobte, ein Kloster zu gründen. Als sie kurz darauf genas, nahm sie ihr ambitioniertes Werk sofort in Angriff. Um möglichst rasch voranzukommen, wurde das Pfalzgebäude kurzerhand zu einem Kloster umgewandelt und die Georgskapelle als vorläufige Klosterkirche genutzt. Gleichzeitig begann der Bau einer größeren, bis 1025 fertiggestellten Klosterkirche. Schon im Dezember 1017 konnten die ersten Benediktinerinnen in die Räumlichkeiten einziehen – womit das erste Frauenkloster Nordhessens ins Leben gerufen war. Als erste Äbtissin ist Kunigundes Nichte Uta überliefert.

Dieses Kloster erkor sich Kunigunde zu ihrem Altersruhesitz. Hier wollte – und würde – sie als Witwe leben und zuletzt auch sterben. Ihre Gründung bedachte sie daher mit Schenkungen an Land – das Erbgut Herleshausen –, Kunstgegenständen zum gottesdienstlichen Gebrauch sowie einer wertvollen Kreuzreliquie. Goldene und silberne Kelche, Schüsseln, Krüge, Messgewänder und Vorhänge sind als ihre Stiftungen belegt. Auch ihr Gemahl tat alles, um die Versorgung seiner geliebten Frau im Alter sicherzustellen. Er übertrug dem Kloster reiche Liegenschaften nicht nur in der unmittelbaren Umgebung, sondern auch an der Mosel sowie in Thüringen, Hessen und an der Ruhr. Diese Orte und Höfe boten durch ihre Lage an Flussübergängen oder Verkehrswegen großes wirtschaftliches Entwicklungspotential. Sechs Komplexe im Moselraum um Koblenz sicherten zudem die Versorgung mit Wein. Durch Rodung entstandene neue Dörfer und Pfarreien mehrten nicht nur den Besitz des jungen Klosters, sondern bereiteten seine Rolle als Herrschafts- und Wirtschaftsmittelpunkt vor. In den sieben Schenkungsurkunden, die Heinrich für Kaufungen ausstellte, betonte er immer wieder seine große Zuneigung zu seiner Frau und seine Sorge um ihre Ver-

Das Kloster Kaufungen

Das von Kunigunde begründete Reichskloster, das Aufgaben für den königlichen Hof und seine Unterbringung übernahm, bestand nur bis 1089. Danach wurde es von dem Salier Heinrich IV. an Bischof Huzmann von Speyer gegeben, der ihn während des Investiturstreits unterstützt hatte. Die Nonnen versuchten zwar immer wieder, die Herrschaft des Bischofs abzuschütteln und die Reichsunmittelbarkeit wiederzuerlangen, doch erst 1226 konnten sie sich dank der Initiative Kaiser Friedrichs II. aus der »Vormundschaft« lösen. Drei Jahre später nahm Papst Gregor IX. das Kloster unter seinen ausdrücklichen Schutz.

Inzwischen war es zu inneren Veränderungen gekommen. Im Verlauf des 12. Jhs. war aus dem Benediktinerinnenkloster mit strenger Zucht ein Kanonissenstift mit freierer Lebensordnung geworden. Die in der Regel hochadligen Stiftsdamen lebten dabei ohne die üblichen Ordensgelübde, konnten die Gemeinschaft jederzeit verlassen und heiraten, und durften Privatbesitz und Dienerinnen behalten. Die Gemeinschaft blieb indes klein und umfasste im Spätmittelalter meist nur etwa fünf bis sechs Stiftsdamen. Phasenweise lebten nur die Äbtissin und die Pröpstin vor Ort. Ab 1500 gab es Bemühungen von Seiten des Papsttums, das Stift wieder in ein strengeres Benediktinerinnenkloster umzuwandeln. Es folgte eine Visitation mit dem Ziel der Eingliederung Kaufungens in die Bursfelder Kongregation, eine benediktinische Reformbewegung, die auch gelang: 1509 zogen wieder Benediktinerinnen ein. Acht Nonnen aus dem westfälischen Kloster Gehrden sorgten für einen Neuanfang, während die bisherige Äbtissin Elisabeth von Plesse mit ihrem allzu weltlichen Lebensstil zum Rücktritt gezwungen wurde.

Doch die Reformation beendete die späte Blüte. Der hessische Landgraf Philipp I., der Großmütige, der die Vogtei über Kaufungen innehatte, bekannte sich 1524 zur protestantischen Lehre und verfügte drei Jahre später die Auflösung der Klöster und Stifte seines Herrschaftsgebietes. Auch Kaufungen beraubte er seines Kirchenschatzes und seiner Liegenschaften. Die Nonnen reichten zwar sogar beim kaiserlichen Kammergericht Klage ein, mussten aber dennoch ihr Heim verlassen. Dem Kloster war es über die Jahrhunderte hinweg nicht gelungen, die von Heinrich und Kunigunde geschenkten Güter zusammenzuhalten und eine starke Grundherrschaft zu begründen, die es ihm ermöglicht hätte, die Übergriffe des Landesherrn abzuwehren. Philipp übergab den Besitz 1532 der Hessischen Ritterschaft, die aus den Einnahmen bedürftige adlige Damen versorgen sollte. Als »Ritterschaftliches Stift Kaufungen« existiert diese Einrichtung bis heute fort und bemüht sich um den Erhalt der alten Bausubstanz.

sorgung, die ihm ein Anliegen war. So kam Kunigunde zu einem adäquaten Ersatz für ihre entzogene Morgengabe. Für ihr Alter hatte die kinderlose Frau vorgesorgt und sich einen Platz geschaffen, der ihr Frieden und Sicherheit versprach. Kunigunde waren aber noch mehr als anderthalb Jahrzehnte Lebenszeit vergönnt. In dieser Zeit bemühte sie sich, ihre Stiftungstätigkeit aufrechtzuerhalten und die Reichsangelegenheiten aufmerksam zu begleiten.

DER »FRÄNKISCHE VATIKAN«: REPRÄSENTATIONSRAUM BAMBERG

Heinrich und Kunigunde beließen es nicht beim Bau des Domes, um ihre neue Bischofsstadt zu schmücken. Ihre Pläne reichten weiter – sie wollten aus Bamberg ein umfassendes sakrales Zentrum machen und gleichzeitig einen weltlichen Repräsentationsraum schaffen, der ihnen zur Ehre gereichte und nach ihrem Tod ihr Gedächtnis für immer bewahren sollte.

Das wie Rom auf sieben Hügeln ruhende Bamberg nannte man seiner vielen prächtigen Kirchen wegen später scherzhaft auch einen »fränkischen Vatikan«. Und wie in Rom päpstliche und kaiserliche Macht aufeinandertrafen, so begegneten sich hier bischöfliche und königliche Gewalt – sichtbar und ganz unmittelbar auf dem Domhügel. Denn direkt an den Dom schlossen sich im rechten Winkel, durch einen Verbindungstrakt mit dem Querhaus verbunden, die heute in der Alten Hofhaltung aufgegangenen Pfalzgebäude an. Der von Heinrich und Kunigunde ausgebaute Palas war ein stattlicher, lang gestreckter Wohnbau mit einer eigenen, dem hl. Thomas geweihten Kapelle an seinem nördlichen Abschluss. In diesem Gebäude hielt das Paar Hof, empfing »Staatsgäste« wie Papst Benedikt VIII. oder den apulischen Fürsten Ismahel. Mindestens 15 Aufenthalte sind belegt, fünf weitere zu vermuten. Da mit dem Hof auch die Kanzlei reiste, die wichtige Rechtsgeschäfte beurkundete und dokumentierte, stieg Bamberg phasenweise zu einem Zentrum der Reichspolitik auf, in dem sich sogar die Spitzen der Christenheit, Kaiser und Papst, zu Gesprächen trafen (1020). Vermutlich weihte der Papst zu dieser Gelegenheit die Thomaskapelle ein.

In enger Zusammenarbeit mit Bischof Eberhard von Bamberg gelang dem Paar zudem die Gründung weiterer geistlicher Institutionen, die den Dom im Norden und Süden »umrahmten«. Zwischen 1007 und 1009 entstand auf einer südlich des Dombergs gelegenen Anhöhe das Kanonikerstift St. Stephan. Es war für Weltpriester vorgesehen, die zum gemeinsamen Chorgebet zusammenkamen und nach gemeinsamen Statuten lebten. Die volkstümliche Überlieferung weist Kunigunde die eigentliche Initiative bei der Gründung des Instituts zu. Das Patrozinium verwies auf einen ihrer »Lieblingsheiligen«, den ersten Märtyrer der Kirchengeschichte, den hl. Stephanus. Das Stift, das einen eigenen Rechtsbezirk bis zur Regnitz bei Bug bildete, erhielt eine reiche Ausstattung. Die erste Schenkungsurkunde des Königs datiert von 1009. Zu den kostbarsten Gaben gehörte die mit wertvollen Minitaturen ausgestattete »Bamberger Apokalypse« – eine Prachthandschrift, die um 1010 auf der Reichenau entstanden war. Eine ganz besondere Auszeichnung erfuhr die Stephanskirche, als sie 1020 von Papst Benedikt VIII. persönlich bei seinem Besuch in Bamberg unter Beisein des Herrscherpaares und etwa 40 Bischöfe in einem regelrechten »Staatsakt« geweiht wurde.

Im Norden wurde der Dom durch die Abtei St. Michael geschützt, die auf einer beherrschenden Hügelkuppe stand. Das dem Erzengel als Anführer der himmlischen Heerscharen und dem Mönchsvater Benedikt geweihte Kloster gründete Bischof Eberhard auf Anregung Heinrichs II. 1015. Beide Heilige verehrte der König in besonderem Maße. Die ersten Benediktinermönche unter ihrem Abt Rado kamen vermutlich aus dem Kloster Amorbach und zogen 1017 auf den »Engelsberg«. Wiederum reich mit Ländereien und Büchern ausgestattet, erlebte das Kloster seine erste große Blüte unter dem später heiliggesprochenen Bischof Otto von Bamberg († 1139), der sein Grab in der Klosterkirche fand. Ihre Weihe 1021 wurde wiederum zu einem repräsentativen Akt unter Teilnahme der höchsten Würdenträger der Reichskirche und des Reiches ausgestaltet.

Frutolf von Michelsberg († 1103), Verfasser einer Weltchronik und vermutlich berühmtester Mönch des Bamberger Klosters, erklärte den heilsgeschichtlichen Hintergrund der Neugründungen: »Überdies errichtete er im südlichen Teil der Stadt ein Monasterium zu Ehren des hl. Erzmärtyrers Stephan, das er der Kanonikerregel unterstellte; im anderen, das heißt im nördlichen Teil, gründete er ein weiteres Monasterium zu Ehren des hl. Erzengels Michael und des hl. Abts Benedikt, das der Mönchsregel unterworfen wurde. Sich und seiner Stadt, die auf dem Felsen apostolischer Unüberwindlichkeit gegründet und durch die Mauer und die Vorwerke der Verdienste des hl. Georg und der übrigen Heiligen befestigt und geziert war, errichtete er auf diese Weise in Stephan einen Turm der Stärke gegen den Gluthauch der Laster und eine sichere Zuflucht unter dem Schutz des Engels gegen den erkältenden Hauch desjenigen, der im Norden, von wo alles Übel seinen Ausgang nimmt, seinen Sitz aufzuschlagen beschlossen hat. Auf der Rechten und auf der Linken mit den Waffen der Gerechtigkeit wie einem Wall umgeben, sollte so der Widersacher keine Macht über sie finden können.« Der feste Schutzschild um den Dom wurde nur einige Jahrzehnte später durch die Gründung der Kanonikerstifte St. Gangolf und St. Jakob zu einem regelrechten Kirchenkreuz erweitert, das sich im Grundriss der Stadt offenbarte, was Heimo von St. Jakob († 1139) erstmals bemerkte. Die »heilige Stadt« nahm ihre Gestalt an.

Doch nicht nur der Kranz der Steinbauten schützte das junge Bistum gegen Anfechtungen des »Widersachers«, sondern auch seine geistigen Schätze, die sich in seiner Dombibliothek anhäuften. Die Bamberger Domschule, die zur Ausbildung des Klerikernachwuchses eingerichtet wurde, genoss einen vorzüglichen Ruf. Heinrich berief als ihren Leiter den Lütticher Gelehrten Durand, der später Bischof seiner Heimatstadt wurde. Viele künftige Reichsbischöfe wie der spätere Kölner Erzbischof Anno durchliefen diese Domschule. Die Bibliothek enthielt nicht nur theologische Bücher, sondern Werke zu allen Wissensgebieten: lateinische Klassiker wie Cicero, Livius und Vergil, Lehrbücher für Grammatik und Logik, mathematische, geografische, medizinische und musiktheoretische Werke sowie kirchenrechtliche und juristische Schriften. Vermutlich gelangten eine ganze Reihe von Büchern aus dem Nachlass des gelehrten Reimser Domscholasters Gerbert von Aurillac, später Papst Silvester II., über Heinrich II. nach Bamberg. Zu Recht rühmte Gerhard von Seeon es als »Stadt der Bücher«, »größer als Athen«.

Wegweisend wurde auch Heinrichs Entscheidung, die am Dom tätigen Geistlichen zu einem eigenen Kollegium neben dem Bischof zusammenzufassen. Das Domkapitel bekam als eigenständige juristische Person Besitzungen übertragen, durfte diese unabhängig vom Bischof verwalten, besaß das Recht, sich zu versammeln und eigene Statuten zu geben. Damit stärkte er die Position der Klerikergemeinschaft gegenüber dem Bischof, band sie aber auch enger in das Gesamtkonzept der Reichskirche ein. So war Bamberg in vielerlei Hinsicht wegweisend für die künftige Entwicklung – »eine Braut Christi (...), mit allem geschmückt, wie es dem höchsten König geziemt«, wie es Thietmar ausdrückte.

Die Siedlung zu Füßen des Dombergs wuchs beständig. Immer mehr hoch qualifizierte Künstler und Handwerker ström-

Erster Bischof von Bamberg: Eberhard

Zu den engsten Vertrauten Heinrichs II. zählte Eberhard, der seit Mai 1006 als sein Kanzler belegt ist. Er stammte vermutlich aus dem Umfeld des fränkischen Grafengeschlechts der Abenberger, die im Radenzgau und im bambergischen Rangau herrschten und später die Vogtei über das Hochstift Bamberg ausübten, und könnte mit dem König verwandt gewesen sein. Doch die genealogischen Hinweise sind zu dürftig, um seine Familie enger zu umreißen.

Da das Amt des Kanzlers ein enges Verhältnis zum König voraussetzte, dürfte Eberhard ihm aber vermutlich schon zuvor verbunden und als Mitglied der Hofkapelle bewährt gewesen sein. Jedenfalls setzte Heinrich große Hoffnungen auf seinen »Uns eng vertrauten Kanzler«, als er ihn 1007 zum neuen Bischof von Bamberg machte.

Eberhard wurde noch während der Frankfurter Synode von Erzbischof Willigis geweiht. Das Amt des Kanzlers behielt er zunächst bei, bis er sich der hohen Arbeitsbelastung wegen um 1008/09 auf die für Italien auszustellenden Urkunden beschränkte. 1013 erhielt er den Titel eines Erzkanzlers für Italien und übte dieses Amt bis zum Ableben des Königs aus.

Eberhard unterstützte Heinrich und Kunigunde vorbehaltlos in ihren Plänen für Bamberg. So gründete er mit ihnen gemeinsam die geistlichen Einrichtungen St. Stephan und St. Michael, in welchen er sich selbst starke Mitwirkungsrechte sicherte. In St. Stephan konnte er als Bischof den Stiftspropst einsetzen; in St. Michael unterstand ihm der Abt, da es sich hier um ein bischöfliches Eigenkloster handelte. In einer Urkunde für den Michelsberg benannte Heinrich II. ausdrücklich sein Handlungsprinzip: »Zwei sind es, durch die diese Welt an erster Stelle regiert wird: die Autorität der Bischöfe und die königliche Macht.«

Bischof Eberhard trug diese Linie mit. Er bereitete überdies wichtige Staatsakte im Sinne des Königs vor: so die Domweihe 1012, ebenso die durch den Papst vollzogene Weihe von St. Stephan 1020 und von St. Michael, die er 1021 selbst vornahm.
Eberhard bemühte sich aber auch um den inneren Ausbau seines jungen Bistums. Er kümmerte sich um die Erschließung des kirchlich noch wenig organisierten Regnitzlandes und sorgte durch seine Teilnahme an mehreren Provinzialsynoden für die Klärung strittiger innerkirchlicher Fragen. Gegenüber dem Würzburger Bistum setzte er auf Ausgleich. 1017 gelang ihm mit Hilfe eines Tauschgeschäftes die Aussöhnung mit Bischof Heinrich I. von Würzburg.
Eberhard muss großes Format besessen haben: Der Hofkaplan Wipo († nach 1046) beschrieb ihn als einen »durch seinen Verstand und seinen Charakter dem Staate außerordentlich wertvollen Mann«. Obwohl er über 30 Jahre lang das Bistum leitete, trat er gegenüber den königlichen Stiftern gänzlich zurück. Es gibt keine Vita über ihn; er wurde nicht volksfrömmig verehrt. Zeitlebens besaß er ein enges Verhältnis zum Hof, trat in vielen Angelegenheiten als Intervenient auf und nahm an Reichssynoden teil. Er begleitete das Königspaar bis zum Tod und kümmerte sich anschließend um die Machtübergabe.
Auch zu den Nachfolgern in der Königswürde, Konrad II. und Heinrich III., pflegte er ein gutes Verhältnis. So konnte er den Bestand des jungen Bistums durch ausdrückliche königliche Bestätigungen 1034 und 1039 sichern und Kaiser Konrad II. 1035 in der Bamberger Pfalz willkommen heißen.
Er selbst starb am 13. August 1040 und fand sein Grab ganz in der Nähe des Grabmals seines Mentors im Dom. Eberhard war das Idealbild eines dem König loyal ergebenen Reichsbischofs.

ten der vielen Bauaufträge wegen in das Tal der Regnitz. Die Anwesenheit des Hofes und die Feierlichkeiten zu besonderen Anlässen bescherten aber auch den »einfachen« Bambergern der »Sandstadt«, dem schmalen Streifen zwischen Domberg und linkem Regnitz-Ufer, einen ersten »Wirtschaftsaufschwung«. Die Hofgesellschaft musste entsprechend versorgt werden.

Bamberg stieg in wenigen Jahrzehnten zu einem Zentrum des Reiches auf, von Gerhard von Seeon etwas überschwänglich als *»caput orbis«*, als »Haupt dieser Welt«, gerühmt. Immerhin war der Ort so bedeutend, dass bereits sein zweiter Bischof, der aus sächsischem Adelsgeschlecht stammende Suidger, 1046 für höchste Kirchenämter in Frage kam: Er wurde Papst unter dem Namen Clemens II. Nach seinem überraschenden Tod wurde er im Bamberger Dom beigesetzt – das einzige Papstgrab nördlich der Alpen.

7 Im Glanz der Kaiserkrone

Vom Beginn ihrer Herrschaft an waren Heinrich und Kunigunde von ihrem königlichen Rang zutiefst erfüllt. Sie fühlten sich von Gott zur Regierung legitimiert und berufen. Doch am 14. Februar 1014 empfing das Paar in Rom eine noch wertvollere, noch glanzvollere Krone: Papst Benedikt VIII. krönte und salbte Heinrich und Kunigunde am Grab des Apostels Petrus zu Kaiser und Kaiserin! Dies versprach ein Mehr an Würde und Prestige: ein universal gedachtes Herrschaftskonzept mit dem Anspruch auf Vorrang gegenüber anderen gekrönten Häuptern in Europa sowie einer gemeinsam mit dem Papst zu tragenden umfassenden Sorge für die gesamte Christenheit. Allerdings bedeutete dies auch, sich auf die Bedürfnisse und Wünsche des Papsttums in Rom und damit auf die völlig zersplitterten Machtverhältnisse in Italien einzulassen. Eine scharfe Rivalität zum oströmischen Kaiserhaus in Byzanz war mit Blick auf Unteritalien vorprogrammiert. Das schwungvolle Anknüpfen an die Zeiten der antiken Imperatoren barg eben seine Risiken, was nicht zuletzt Heinrichs königliche Vorgänger mit ihrer ambitionierten Italienpolitik immer wieder hatten erfahren müssen. So mischte sich in den »strahlenden Tag mit schönem Edelstein eingeschrieben« (Thietmar) der Wermutstropfen der Realpolitik. Lange Distanzen und begrenzte Ressourcen setzten den imperialen Sehnsüchten der Könige nördlich der Alpen enge Grenzen.

DER TAG VON ROM

Thietmar schildert in seiner Chronik das Zeremoniell, das die Kaiserkrönung begleitete: Am Sonntag, dem 14. Februar, wurde das Königspaar von Papst, römischem Klerus und Volk in feierlicher Prozession in die Stadt eingeholt. Zwölf Senatoren begleiteten sie auf ihrem Weg zur altehrwürdigen Basilika St. Peter – sechs Senatoren mit wallenden Bärten, sechs glattrasiert, alle mit Stäben in den Händen. An der Peterskirche angekommen, fragte der Paps, ob Heinrich »ein getreuer Schirmer und Schützer der römischen Kirche und ihm und

Die Reichskrone

Einige Argumente sprechen dafür, dass die bei Heinrichs Kaiserkrönung verwendete Krone die heute in der Wiener Schatzkammer aufbewahrte Reichskrone gewesen sein könnte. Dieses juwelenschimmernde Symbol der Herrschaft wurde Mitte des 10. Jhs. vermutlich zur Kaiserkrönung Ottos des Großen angefertigt. In ihrer ganzen Pracht versinnbildlicht sie die ottonische Vorstellung von der göttlich legitimierten Herrschaft. Schon ihre Form ist außergewöhnlich: Acht mit Scharnieren verbundene Platten aus Gold, reich geschmückt mit Perlen und Edelsteinen, bilden das Grundgerüst dieser sog. Plattenkrone. Die Acht galt als die Zahl der Vollkommenheit, die oktogonale Form erinnerte an den Mauerkranz des Himmlischen Jerusalem. Anzahl und Anordnung der Edelsteine besaßen symbolische Bedeutung: Die Zahl 12 weist auf die Apostel und die Stämme Israels hin, die Farbauswahl steht in Bezug zu den Visionen der Johannesoffenbarung. Nach Offb. 21,9–27 war das Himmlische Jerusalem eine Stadt aus lauterem Gold mit Fundamenten aus Edelstein und Toren aus Perlen. Die vier kleineren Zwischenplatten zeigen Emaildarstellungen mit Inschriften: Die Könige David, Salomon, Ezechias, die jeweils für »königliche Tugenden« stehen – Gerechtigkeit, Weisheit und Gottvertrauen. In der Krönungszeremonie wurde um diese Eigenschaften für den Kaiser gebetet. Die vierte Bildtafel zeigt Christus zwischen zwei Engeln auf einem Thron sitzend. Der beigegebene Spruch fasst die ottonische Herrschervorstellung zusammen: *»Per me reges regnant«* – »Durch mich herrschen die Könige«. Der Träger der Krone leitete seine Macht unmittelbar von Christus her. Er war damit aber auch auf den christlichen Tugendkanon verpflichtet.

Über der Stirnplatte ist ein Kronenkreuz angebracht. Während die edelsteinbesetzte Vorderseite als triumphales Juwelenkreuz, als Siegeszeichen, gestaltet ist, zeigt die Rückseite in Niello-Technik den leidenden, jedoch den Tod besiegenden Christus am Kreuz. Über diese Darstellung lässt sich das Kronenkreuz in die Zeit Heinrichs II. datieren. Der Bügel, der die Stirn- mit der Nackenplatte ursprünglich verband, ging verloren und wurde unter Konrad II. durch eine Neuanfertigung ersetzt. Eventuell wurde für jeden Herrscher ein eigener Bügel angefertigt. Das Krönungsbild Heinrichs II. im Regensburger Sakramentar stellt ihn mit Bügelkrone dar, während seine beiden Vorgänger in Buchmalereien offene Reifenkronen mit lilienförmigen Aufsätzen tragen. So spricht einiges dafür, dass Heinrich dem Typus der Bügelkrone neue Bedeutung verschaffte.

seinen Nachfolgern in allem getreu« sein wollen würde. Als der König bejahte, führte er ihn ins Innere und nahm Krönung und Salbung an ihm und seiner Gattin vor. Dazu verwendete er eine neu angefertigte Krone, denn Heinrich schenkte seine frühere Krone der Peterskirche und ließ sie über dem Altar des Apostelfürsten aufhängen. Nach den Krönungsordines sprach der Papst: »Empfange das Zeichen der Herrlichkeit (...). Es möge Dich gemahnen, den alten Feind und alles Laster zu verachten, Recht und Gerechtigkeit zu lieben und Milde walten zu lassen, auf dass Du dereinst von Ihm, unserem Herrn Jesus Christus, in der Gemeinschaft der Heiligen die Krone des ewigen Reiches empfangen mögest.« Zum Abschluss folgte ein Festmahl.

Nicht alle Details an diesem Akt sind geklärt. Nicht einmal Thietmar wusste zu sagen, welche Bedeutung die bärtigen und rasierten Senatoren hatten. Sie könnten ein byzantinisches Ritual zum Vorbild haben oder als Symbole für Vergangenheit und Zukunft stehen (bärtig – alt / rasiert – jugendlich). Unklar ist auch, ob es sich bei der Krone bereits um die heute in Wien aufbewahrte Reichskrone handelte oder um ein anderes Exemplar. Und welche (Fest-) Krone hatte Heinrich dem Apostelfürsten geweiht? Ein zweiter Chronist der Ereignisse, der burgundische Mönch Radulfus Glaber († um 1047), führt ein weiteres Detail in die Schilderung ein: Der Papst habe Heinrich vor der Krönung einen goldenen Apfel, »an allen vier Seiten mit kostbaren Edelsteinen« ausgestattet und mit einem goldenen Kreuz darauf, übergeben. Die Kugelform sei als Symbol für die Welt und für die vom Kaiser auszuübende Weltherrschaft zu verstehen gewesen. Heinrich habe die wertvolle Gabe zwar angenommen, doch habe er sie nicht behalten, sondern kurz darauf an jene weitergegeben, die »weltlichen Prunk verachten und mit großer Bereitschaft dem Kreuz des Erlösers folgen«, nämlich den Mönchen von Cluny. So nahm Heinrich in der Stunde seines größten Triumphes in auffälliger Weise die ihm dargebotene Machtfülle gar nicht an, sondern weihte sie Christus: Seine Krone schenkte er dem Apostelfürsten, den goldenen Reichsapfel dem Kloster.

Die erste Urkunde, die Heinrich II. gleich am folgenden Tag als Kaiser ausstellte, bestätigt diesen Eindruck: Gemeinsam mit Kunigunde übereignete er dem Bistum Bamberg, seinem Erben, drei weitere Ortschaften und »bedankte« sich damit bei Gott für die erwiesene Gnade und Ehrung. Die angehängte Metallbulle mit der Umschrift »Heinrich, durch die Gnade Gottes Kaiser der Römer und Augustus« zeigte auf ihrer Rückseite den Mauerkranz von Rom und darin den hl. Petrus als »Stadtherrn«. Rom überließ der frisch gebackene Kaiser offensichtlich der Herrschaft des Papstes. Eigene kaiserliche Rechte wie sein Vorgänger Otto III. wollte er dort nicht wahrnehmen. Heinrich entschwand denn auch rasch dem römischen Dunstkreis. Eine gewisse Scheu vor dem italienischen Abenteuer mag daran abzulesen sein.

Nach Abhalten einer Synode kehrte er in sein Reich zurück, erhob auf der Rückkehr Kloster Bobbio zum Bistum, um einen Stützpunkt für die Reichsgewalt zu schaffen, feierte das Pfingstfest aber schon wieder in seinem geliebten Bamberg.

DIE VORGESCHICHTE: DER ERSTE ITALIENZUG

Mit den italienischen Verhältnissen war Heinrich schon ein Jahrzehnt zuvor in Berührung gekommen. Kurz nach dem Tod Ottos III. hatte sich der mächtige Markgraf Arduin von Ivrea in

Italien zum König aufgeschwungen und sich in Pavia mit der Eisernen Krone der Lombarden krönen lassen. Dies stieß nicht bei allen italienischen Granden auf Gegenliebe. Auch im Episkopat gab es eine starke Fraktion, die wegen Arduins Übergriffen auf Kirchengut gegen ihn opponierte. Dazu gehörte unter anderem Bischof Leo von Vercelli († 1026), der noch Ende des Jahres 1002 Heinrich in einem selbst komponierten Gedicht zum glücklichen Antritt seiner Herrschaft gratulierte und ihn gleichzeitig dabei eindringlich zum Eingreifen in Italien aufforderte. »Laufe, eile, alle warten auf Dich!«, schrieb er. Der neue König solle Arduin niederwerfen und die reichstreuen Bischöfe Norditaliens unterstützen und nach Kräften fördern. Doch Heinrich ließ sich Zeit. Er wollte erst seine Herrschaft nördlich der Alpen stärken, bevor er andernorts eingriff.

Erst im Frühjahr 1004 gab er dem wiederholten Drängen italienischer Würdenträger nach und brach zu seinem ersten Italienzug auf. Von Augsburg aus zog sein Heer über den Brenner nach Trient, umging die von Arduin besetzten Talengen und zog über Verona und Brescia schließlich nach Pavia, zur alten Königsstadt der Lombardei. Hier ließ sich Heinrich am 14. Mai 1004 vom Erzbischof von Mailand zum König von Italien krönen. Doch da ereilte ihn auch schon ein erster Schock: Aus unbekannten Gründen erhoben sich die Pavesen noch am selben Abend und griffen die Pfalz an. Nur mit Mühe konnte der Aufstand niedergeschlagen werden. Heinrich eilte überstürzt nach Hause zurück, ohne Arduin niedergerungen zu haben, der sich weiterhin das Königsamt anmaßte.

Allerdings konnte Heinrich die italienischen Angelegenheiten nicht völlig außer Acht lassen. Er brauchte den Papst für die Bestätigung seiner Bamberger Bistumspläne. Punktuell begann er in seinen Urkunden bereits den Titel eines »Romanorum Rex«, eines römischen Königs, zu führen. Der Tod von Papst Sergius IV. bot im Jahr 1012 dann einen Anlass, verstärkt über den Erwerb der Kaiserwürde nachzudenken, da die römischen Adelssippen der Crescentiner und Tusculaner um die Neubesetzung des Apostelstuhls stritten und beide Parteien Heinrich um Unterstützung angingen. Der König wies den Kandidaten der Crescentiner bei einem persönlichen Treffen in Pöhlde zu Weihnachten 1012 ab und einigte sich dagegen mit dem Tusculanerpapst Benedikt VIII., der im Januar 1013 die Gründung des Bistums Bamberg bestätigte. Gleichzeitig bot der Papst die Kaiserkrönung an.

Nach Vorverhandlungen in Rom, die der königliche Gesandte Bischof Walter von Speyer führte, wurde noch im Oktober 1013 der Krönungszug konkret in Angriff genommen. Ein stattliches Heer sammelte sich in Augsburg. Mit dem Erwerb der Kaiserkrone verband Heinrich die Hoffnung, gegenüber Arduin einen uneinholbaren Vorteil zu ergattern und sich damit endgültig als König von Italien durchsetzen zu können. Tatsächlich fürchtete dies auch Arduin selbst. Noch während des Vormarsches des königlichen Heeres nach Rom stellte er seine Königskrone zur Disposition. Heinrich ging darauf nicht ein. Mit der Kaiserkrönung in Rom fühlte er sich im Zenit seiner Macht. Danach überließ er Italien jedoch allzu rasch wieder sich selbst, sodass Arduin seine Position zurückerobern konnte. Erst dessen Tod im Dezember 1015 im Kloster Fruttuaria machte aus Heinrich schließlich den einzigen König von Italien.

DAS »FEST DER FESTE« IN BAMBERG

Der päpstliche Gegenbesuch im Reich nördlich der Alpen erfolgte sechs Jahre nach der Kaiserkrönung. Mit großem Gepränge wurde Benedikt VIII. zum Osterfest 1020 in Bamberg erwartet. Der erste Papstbesuch nach knapp 200 Jahren wurde mit großem Zeremoniell gefeiert, über das ein Augenzeuge, der Diakon Bebo, in einem Bericht ausführlich Auskunft gibt. Hoch zu Ross und in vollem Ornat sei der Papst am Gründonnerstag in Bamberg eingeritten. Vier Chöre – jeweils an den Ufern der Regnitz, auf der Brücke und vor dem Dom – hätten ihn mit »weittönendem Wohlklang und klarem Vortrag« begrüßt. Im Dom betete der Papst nacheinander an drei Altären, der Klerus sang das Te Deum, das Volk begann das Kyrieeleison. Nach dem Gloria tauschten Kaiser und Papst Friedensküsse aus. Danach trat der Papst vor das Kirchenportal, spen-

Der Sternenmantel: Exotisches Geschenk für den Kaiser

Melus (Ismahel), der Führer des apulischen Aufstandes gegen Byzanz, ehrte bei seinem Besuch in Bamberg den Kaiser mit einem einzigartigen Geschenk: Er übergab ihm einen reich mit Goldstickereien versehenen Mantel, der auf tiefdunkler, purpur-violetter Seide ein symbolisches Abbild des »ganzen« Universums bot. Um den Mittelpunkt des Weltalls – Christus in der Mandorla, umgeben von Sonne und Mond, Alpha und Omega, Cherubim und Seraphim – reihen sich auf dem halbkreisförmig geschnittenen Textil zwölf mit Umschriften erläuterte, aus der Antike bekannte Sternzeichen, die den Träger des Mantels als Herrn über den Kosmos ausweisen.

»Heil sei dir, du Zierde Europas, Kaiser Heinrich, dein Reich mehre der König, der da herrschet ewiglich«, steht in großen Goldmajuskeln in lateinischer Sprache auf dem unteren Saum. Melus hoffte, mit seiner eindrucksvollen Gabe den Kaiser für sein Anliegen, ihn gegen die Byzantiner zu unterstützen, gnädig stimmen zu können. Doch er starb kurz nach seiner Einführung als Herzog von Apulien am 23. April 1020 in Bamberg und fand sein Grab im dortigen Dom.

In der Forschung ist umstritten, ob der Mantel zum Zeitpunkt des Todes des Auftraggebers bereits fertiggestellt worden war. Die zweite Inschrift am Saum wurde bislang so gedeutet, als sei er noch während der Arbeiten verstorben: »Frieden dem Ismahel, der dieses Werk in Auftrag gab« – doch erscheint es andererseits fraglich, ob dieser bei seiner Investitur mit leeren Händen vor den Kaiser getreten wäre.

Auch über den Herstellungsort herrscht keine abschließende Einigkeit: Die gestickten Zierbuchstaben ähneln Initialen der Regensburger Buchmalerei. Doch kämen auch Herstellungsorte in Süditalien in Frage, da die

Unter den sechs goldbestickten und mit dem Namen Heinrichs und Kunigundes verbundenen Prunkgewändern des Bamberger Diözesanmuseums ist der Sternenmantel Heinrichs II. der berühmteste. Dennoch wurde er nicht zu den Heinrichsreliquien gezählt, sondern galt als Mantel des Fürsten Melus (Ismahel), des Führers des apulischen Aufstandes gegen Byzanz.

stilistischen Parallelen nicht zwingend auf eine Festigung in Regensburg weisen.

Heinrich jedenfalls schenkte den staunenswerten Mantel sofort dem Bamberger Dom. »Dem höchsten Wesen sei dieses Geschenk des Kaisers genehm«, ließ er auf dem Mantel vermerken. Die Macht, die er offiziell als Kaiser in Anspruch nehmen durfte, weihte er umgehend Christus selbst. Im Bamberger Domschatz wurde der Sternenmantel sorgsam bewahrt. Im 15. Jh. erfolgte eine Erneuerung des Trägerstoffs aus etwas hellerem blauem Granatapfeldamast, auf den man die ausgeschnittenen goldgestickten Motive und Buchstaben des Originalmantels neu aufnähte.

dete dem Kirchenvolk die »Lossprechung von den Banden der Sünde« und holte es in die Kirche ein, wie es die Gründonnerstagsliturgie vorsah. Bei der Weihe von Chrisam und Öl assistierten ihm zwölf Bischöfe. Nicht das Aufeinandertreffen von Kaiser und Papst stand im Vordergrund der Zeremonien, sondern die Hervorhebung und Auszeichnung des jungen Bistums Bamberg. Der Dom erlebte mit der Feier der Gründonnerstagsliturgie durch einen Papst seine bislang höchste Ehrung. Es folgte das von Papst und Kaiserpaar gemeinsam gefeierte Osterfest. Danach warteten weitere Großereignisse auf Bamberg: Eine Woche nach Ostern weihte Benedikt VIII. die Pfalzkapelle St. Thomas ein sowie die Stiftskirche St. Stephan – Letztere in einem so großartigen Akt unter Mitwirkung von angeblich 40 Bischöfen, dass die Erinnerung daran »auf ewig nicht verlöschen« werde, so versicherte Bebo.

Trotz aller Festfreude ließ sich allerdings nicht leugnen, dass der Papst auch aus politischen Absichten heraus über die Alpen geeilt war. Seine Stellung in Italien schien gefährdet, seitdem die Crescentiner in Rom wieder Fuß gefasst hatten und die Sarazenen von Sardinien und Sizilien aus in den Kirchenstaat einfielen. Besonders aber das Erstarken der byzantinischen Macht in Süditalien bereitete ihm Sorgen. Der oströmische Kaiser Basileios II. hatte damit begonnen, durch seinen Statthalter (Katepan) seine Stützpunkte in Apulien auszubauen, wogegen sich der Widerstand lokaler Kräfte regte. Der Papst unterstützte den aus einheimischer Führungsschicht stammenden Melus (Ismahel), der zwei Mal (1009/10 und 1017/18) versuchte, einen Aufstand gegen Byzanz zum Erfolg zu führen. Allerdings erlitten er und seine Parteigänger, zu denen die langobardischen Fürsten von Capua und Salerno zählten, 1018 eine vernichtende Niederlage gegen das byzantinische Heer. Melus flüchtete entsetzt an den Hof Heinrichs II.; Capua und Salerno huldigten Byzanz. Und auch der Papst eilte wenig später über die Alpen, um Hilfe von Seiten des Kaisers zu erbitten.

Heinrich war in der Tat bereit, dem Papst beizustehen. In einer Prachturkunde vom April/Mai 1020, in Goldschrift auf

Purpurpergament geschrieben, bestätigte er ihm Ausdehnung und Besitz des Kirchenstaates sowie seine Herrschaftsrechte darin gemäß den Abmachungen, die Otto I. im Jahr 962 mit Papst Johannes XII. getroffen hatte. Analog zum sog. »Ottonianum« nannte man Heinrichs Urkunde daher »Heinricianum«. Zu den bereits skizzierten Rechten übertrug er dem Papst noch zusätzlich die Oberhoheit über das Bistum Bamberg, verbunden mit dem Recht, jedes Jahr einen Schimmel als Zins einfordern zu dürfen, sowie das bedeutende Kloster Fulda. Als Zeugen garantierten zahlreiche Erzbischöfe, Bischöfe, Äbte und Große des Reiches diese Übereinkunft. Gleichzeitig akzeptierte Heinrich Melus aus Bari als Herzog von Apulien und investierte ihn vermutlich an Ostern 1020 in Bamberg.

Im Herbst 1021 ließ der Kaiser seinen Worten Taten folgen. Er brach zu seinem dritten und letzten Italienzug auf. Mit drei Heeresabteilungen, die nach und nach von päpstlichen und oberitalienischen Kontingenten ergänzt wurden, stieß er weit in den Süden vor, unterwarf die Fürsten von Capua und Salerno und belagerte schließlich die byzantinische Grenzfestung Troia in Nordapulien, die im Juni 1022 fiel. Doch allzu großes Interesse, in die süditalienischen Verhältnisse einzugreifen und die Machtprobe mit Byzanz zu wagen, zeigte Heinrich nicht. Er entließ bald sein von Krankheiten geschwächtes Heer und trat den Rückweg an, ohne die byzantinischen Truppen entscheidend geschlagen zu haben. Wo seine wahre Leidenschaft lag, zeigte er während seiner Heimkehr: Er besuchte die von ihm verehrten Klöster Montecassino und Cluny. Der geistliche Schatz der Gemeinschaften und die Gebetsverbrüderung mit den Mönchen zählten für ihn mehr als militärische Erfolge weit abseits seines gewohnten Umfeldes. In Montecassino erfuhr der Kaiser zudem die legendenverklärte, wundersame Heilung von seinem alten Leiden durch den Klosterpatron Benedikt. Für Heinrich Grund genug, das altehrwürdige Kloster durch Geschenke und Privilegien reich zu begünstigen und weiterhin ganz auf den Beistand des Himmels zu hoffen.

8 In Sorge um Kirche und Christenheit

KONZILSPLÄNE UND SYNODEN

Mochte Heinrich auch mit Italien »fremdeln«, mit seiner Rolle als Kaiser tat er es nicht. Er nahm seine Verpflichtung um die Belange der Christenheit sehr ernst. Auf zahlreichen Synoden beriet das Reichsoberhaupt mit seinen Bischöfen über eine Erneuerung des geistlichen Lebens. Der thematische Schwerpunkt der Reichssynoden verlagerte sich immer stärker auf die Diskussion innerkirchlicher Probleme. Auch Papst und auswärtige Mächte wurden in diese Gesamtsorge miteinbezogen.

So berief Heinrich während seines Krönungszuges nach Rom zwei Synoden ein, die Bestimmungen von großer Tragweite für die Kirche erließen: ein verbindliches Weihealter für Bischöfe und Priester wurde festgelegt, das Verbot des Ämterkaufs erneuert und die Entfremdung von Kirchengut durch Verpfändung oder Schenkung unter Bann gestellt. Die römische Synode machte sogar dem Papst Vorgaben für die Feier der Liturgie: Der Kaiser drängte ihn dazu, nach dem Vorbild der Reichskirche in der Messe nach Verlesung des Evangeliums das Glaubensbekenntnis (Credo) zu singen, was bislang südlich der Alpen nicht üblich gewesen war. Nun sollte das Credo, das einst Karl der Große für die Reichskirche eingeführt hatte, auch für den römischen Messordo gelten, um die Messliturgie insgesamt zu vereinheitlichen. 1018 erfolgte im Sinne einer weiteren Vereinheitlichung umgekehrt die Übernahme eines römischen Brauches in die Liturgie der Reichskirche, als Heinrich auf der Synode von Nimwegen verfügte, dass während der Messfeier die Hostien zur Linken, der Kelch zur Rechten des Priesters zu stehen haben.

Großes Interesse brachte Heinrich der Abstellung innerkirchlicher Missstände entgegen. 1019 behandelten Kaiser und Kaiserin auf einer Synode in Goslar das Problem der Priesterkinder und deren rechtliche Stellung als Freie oder Unfreie, wenn ihre Eltern unterschiedlichen Ständen angehört hatten. Um den Kirchenbesitz zu erhalten und zu schützen, entschied Heinrich autoritär, nachdem die Bischöfe zu keinem Entschluss gelangt waren, dass Kinder aus diesen gemischten Ehen generell als Unfreie zu betrachten seien. Drei Jahre später bestätigte Papst Benedikt VIII. auf dem Konzil von Pavia diese Regelung ausdrücklich, nicht ohne dabei den Klerikern aber gleichzeitig den Zölibat als gebotene Lebensform einzuschärfen. Es ginge nicht an, dass Hörige der Kirche in den Klerikerstand strebten, um für ihre Söhne Besitz und Freiheit zu erlangen und damit das Kirchengut schmälerten, das Könige, Kaiser und Laien großzügigerweise zur Verfügung gestellt hatten. Allen Klerikern, vom Subdiakon an, wurde das Zusammenleben mit Frauen untersagt. Das klösterliche Ideal der Ehelosigkeit hielt auch im Weltklerus Einzug. Eine weitere größere Synode sollte sich des Problems annehmen.

Da die Frage nach dem rechten kirchlichen Leben nicht an Landesgrenzen Halt machte, suchte Heinrich den Kontakt zu König Robert II. von Frankreich. Am 10./11. August 1023 fand unter Beisein zahlreicher Erzbischöfe, Bischöfe, Äbte und weltlicher Großer ein Treffen an der Chiers, einem Nebenfluss der Maas, statt. Neben einigen nachrangig behandelten politischen Themen stand nicht weniger als die Zukunft der Christenheit und der »Frieden in der Kirche« auf der Agenda des Gipfels, wie es die Bischofsgeschichte von Cambrai ausdrückte. Der Kaiser vereinbarte mit dem französischen König die Abhaltung eines großen Konzils unter Vorsitz des Papstes und visierte als Termin das Jahr 1024 an. Pavia wurde als geeigneter Ort ausgewählt, an dem Bischöfe von diesseits und jenseits der Alpen zusammenkommen könnten. Welche Themen genau auf diesem geplanten Konzil besprochen werden sollten, ist zwar nicht überliefert – Heinrich starb bereits 1024 –, doch dürfte erneut das Thema der Priesterehe zur Diskussion gestanden haben. Deutlich wird aus der Initiative jedoch, wie stark sich Heinrich um den Zustand der Kirche sorgte und mit welcher Tatkraft er in kirchliche Belange eingriff.

Staatsakt an der Chiers: Kaiser und König im Gipfelgespräch

Der burgundische Mönch Radulfus Glaber gab einen ausführlichen Bericht über das Treffen zwischen König Robert II. von Frankreich und Kaiser Heinrich II. Dieses folgte einem ausgeklügelten Zeremoniell, um Rangstreitigkeiten zwischen den beiden vor den Verhandlungen möglichst klein zu halten. 1006 hatte man noch die Gleichrangigkeit beider Herrscher betont, doch Heinrich war inzwischen Kaiser geworden, was sich nicht ignorieren ließ.

Es musste also ein Kompromiss gefunden werden. So begab sich der französische König aus Respekt gegenüber dem höherstehenden Kaiser auf Reichsboden und schlug sein Lager im lothringischen Mouzon auf, während Heinrich mit seiner großen Gefolgschaft etwas östlich davon in Ivois an der Chiers Quartier nahm.

Doch es war der Kaiser, der sich am 10. August als Erster ins Lager seines königlichen Amtskollegen Robert II. begab. Beide Herrscher feierten nach dem Austausch von Umarmungen und Küssen eine Messe und stärkten sich danach mit einem Frühstück. Robert beschenkte Heinrich mit wertvollen Geschenken, die dieser aber aus Demut nicht vollständig annahm.

Am nächsten Tag ging es umgekehrt: Der König suchte den Kaiser auf, erneut wurde zusammen gebetet, gegessen und beschenkt. Robert nahm die dargebotenen Geschenke aus vornehmer Bescheidenheit ebenfalls nicht zur Gänze an. Danach erst folgten die politischen Gespräche zwischen dem Kaiser und dem König. Der Freundschaftsbund von 1006 wurde erneuert, ein Konzil in Pavia geplant.

Die diplomatischen Fettnäpfchen hatte man dank der sorgfältigen Vorbereitung des Treffens durch Abt Richard von St. Vanne erfolgreich umschifft; in Eintracht gingen König Robert und Kaiser Heinrich auseinander.

FÖRDERUNG DER KLÖSTER

Auf dem Rückweg vom dritten Italienzug besuchte Heinrich zwei der ehrwürdigsten Klöster des Abendlandes: Montecassino in Italien, das »Mutterkloster« Benedikts von Nursia, und das Reformzentrum Cluny in Burgund. Beide Abteien überschüttete er mit Geschenken und Privilegien; im Gegenzug wurde er von den Mönchen beider Gemeinschaften in ihre Gebetsverbrüderung aufgenommen. Am Ende seines Lebens kolportierte man gar, der Kaiser wäre am liebsten selbst Mönch geworden.

Die Begeisterung für die mönchische Lebensweise und die Benediktsregel war bei Heinrich von Jugend an erkennbar. Als König und Kaiser tat er zusammen mit Kunigunde alles, um den Klöstern Schutz und wirtschaftliche Unabhängigkeit zu garantieren, damit sie ihre Lebensweise pflegen konnten. Nicht nur, dass er viele Klöster unter seinen eigenen, königlichen Schutz nahm und damit dem bischöflichen Zugriff entzog – reiche Güterschenkungen sorgten dafür, dass die Abteien wirtschaftlich erstarkten. Kleinere Klöster, die für die Zukunft weniger gut gerüstet waren, übergab er an starke Bischofskirchen, um sie zu erhalten. Die Mönche und Nonnen hatten vor allem eine große Aufgabe zu verrichten: Sie sollten für das Heil des Reiches und des Kaiserpaares beten.

Um sich ganz der inneren Einkehr, dem Studium und dem Gebet verschreiben zu können, achtete Heinrich auf eine strikte Trennung von Weltgeistlichen und Ordensangehörigen. Für die Verwaltung des Reiches zog er die Reichsbischöfe mit ihrem Personal heran; Kristallisationspunkt war hier die Hofkapelle mit ihren zahlreichen Notaren und Schreibern. Die an den Domkirchen zur Unterstützung der Bischöfe in Seelsorge, Bistums- und Vermögensverwaltung angesiedelten Kleriker unterwarf er zwar ebenfalls einer ordentlichen Regel, der sog. Aachener Regel von 816, aber diese sah nur ein loses Gemeinschaftsleben für die Kleriker vor, um ihnen ihren Dienst in der Welt zu ermöglichen. Die eigentliche Gebetsleistung für die Gesellschaft erbrachten die Klöster, die von weltlichen Aufgaben möglichst befreit sein sollten.

Die Mönche des 910 gegründeten burgundischen Reformklosters Cluny bewiesen, was das hieß: Unter ihrem berühmten Abt Odilo (994–1049) schickten sie in ihrer gewaltigen Klosterkirche unablässig jeden Tag Hunderte von Gebete gen Himmel. Sah die Benediktsregel vor, den gesamten Psalter innerhalb einer Woche zu beten, so bewältigten die cluniazenischen Mönche die 150 Psalmen an einem Tag. Chorgebet und Messfeiern bestimmten den gesamten Tagesablauf. Vor allem dem Totengedenken wurde viel Aufmerksamkeit gewidmet. In eigenen Nekrologien (Totenbücher) hielt man die Namen der verstorbenen Mönche, Förderer, Stifter und Spender mit ihren Todestagen fest und verlas sie entsprechend in der Messe. Da Cluny viele Tochterklöster besaß, fand diese Form des Totengedenkens weite Verbreitung. Abt Odilo stiftete darüber hinaus zum Gedenken an alle unbekannten, gläubig verstorbenen Personen zusätzlich das Allerseelenfest.

In seinem liturgischen Dienst an der Gemeinschaft strahlte Cluny als »Licht der Welt« weit hinaus. Heinrich machte dem Kloster bei seinem Besuch aus Anerkennung für seine geistlichen Leistungen wertvolle Geschenke. Er übergab ihm königliche Insignien wie Szepter, Krone, kaiserliche Gewänder, Reichsapfel und ein goldenes Kreuz. Seine Aufnahme in die Gebetsverbrüderung der Mönche bedeutete ihm sehr viel. Nur in einem Punkt wollte er dem Reformkloster nicht folgen: Cluny legte Wert auf die freie Abtwahl und unterstellte sich nur dem Papst. Heinrich dagegen griff in viele Abtwahlen ein, wenn ihm eine regelkonforme Lebensweise des Konvents nicht gegeben erschien. Der »Vater der Mönche«, wie ihn die Chronik des Klosters Lorsch nannte, war oft genug auch ein selbstbewusster »Herr der Mönche«.

Dennoch pflegte das Herrscherpaar zu nicht wenigen Äbten freundschaftlichen Kontakt: zum Beispiel zu Abt Godehard von Niederaltaich, der nacheinander die Leitung der Klöster Tegernsee, Hersfeld und Kremsmünster übernahm, bevor er 1022 zum Bischof von Hildesheim berufen wurde – er besaß ein Leben lang eine Vertrauensposition bei Hof –, oder zu Abt Richard von St. Vanne in Verdun, der eine Schlüsselstellung für den Westen des Reiches innehatte und dem die Vorbereitung des wichtigen Treffens mit dem französischen König Robert II. 1023 anvertraut wurde. Auch mit dem großen Reformabt Odilo von Cluny selbst pflegten sie langjährigen und regen Gedankenaustausch. Dieser weilte nachweislich mehrere Male am Hof, begleitete das Königspaar zur Kaiserkrönung nach Rom und unterstützte seine Bemühungen bei der Gründung neuer Klöster.

GEBETSBÜNDE UND TOTENGEDENKEN

Mit steigendem Lebensalter sorgte sich das Kaiserpaar um die Zeit nach dem eigenen Tod. Da kein Erbe zur Verfügung stand, der die Erinnerung an die verstorbenen Eltern wachhalten konnte, gingen die beiden zahlreiche Gebetsbünde mit Domkapiteln ein, die ihr Totengedenken sichern sollten: Hildesheim, Bamberg, Merseburg und Magdeburg verpflichteten sich, für das fromme Paar nach seinem Ableben zu beten und Fürbitte bei Gott zur Rettung ihres Seelenheiles einzulegen. Wie umfangreich die Verpflichtungen dabei ausfallen konnten, beweist der auf der Synode von Dortmund 1005 geschlossene Gebetsbund, in den 15 Erzbischöfe und Bischöfe sowie der Herzog Bernhard I. von Sachsen involviert waren. Jeweils beim Tod eines Mitglieds mussten die übrigen Beteiligten festgelegte, ihren Möglichkeiten angemessene Werke verrichten. König und Königin sicherten zu, binnen 30 Tagen 1500 Pfennige zu spenden und ebenso viele Arme zu speisen, die Bischöfe gaben 30 Pfennige, verköstigten 300 Arme und entzündeten 30 Kerzen; außerdem verpflichteten sie sich, an 30 Tagen hintereinander mit ihren Domherren eine Messe zugunsten des Verstorbenen zu feiern, während die Diakone und einfachen Priester zehnmal den Psalter abzusingen hatten; der Sachsenherzog als weltlicher Fürst erklärte sich bereit, 500 Arme zu speisen und immerhin 15 Schillinge zu spenden.

Nach der schweren Erkrankung Kunigundes 1017 ging das Paar noch einen Schritt weiter: Es trat offiziell und gemeinsam mit dem Recht auf eine Pfründe in das Domkapitel von Paderborn ein. Die Pfründe umfasste Kleidung und Nahrung wie für einen Domherrn, vor allem aber die Aufnahme in die Gebetsverbrüderung der Domkirche. Dass auch Kunigunde in diese Männergemeinschaft aufgenommen wurde, war außergewöhnlich. Es ist der erste belegbare Fall einer weiblichen Mitgliedschaft in einem Domkanonikat und zeigt die große Verbundenheit der Königin mit ihrem Krönungsort Paderborn. Zum dortigen Bischof Meinwerk pflegte sie ein enges Vertrauensverhältnis, und sie war es auch, die sich für eine großzügige Schenkung an Paderborn im Vorfeld der Gebetsvereinigung stark gemacht hatte. Ihre Erkrankung hatte ihr gezeigt, wie rasch die Frage nach der angemessenen Memoria in den Vordergrund treten konnte. So war sie es, die auf die Aufnahme in das dortige Domkapitel drängte.

Das Totengedenken an die Verstorbenen des Kaiserhauses übertrug Heinrich II. 1017 vom ottonischen Hauskloster Quedlinburg, dem Begräbnisort seines Urgroßvaters, an die Merseburger Domkirche. Die Bischofskirche versah er dazu mit umfangreichen Schenkungen.

Fast gleichzeitig dazu übertrug das Kaiserpaar die im ottonischen Hauskloster Quedlinburg angesiedelte Gedenktradition der Familie an das Bistum Merseburg, wo mit Thietmar ein langjähriger Freund und Wegbegleiter auf dem Bischofsstuhl saß. Dotiert mit reichen Schenkungen sicherte er als verlässliche Stütze des Herrscherpaares die Memoria. Seine von ihm geführten Nekrologe beweisen, dass er seinen Zusagen überwiegend ganz gewissenhaft nachkam. So hatte das Kaiserpaar für die Zeit nach dem Tod in vielfältiger Weise vorgesorgt: durch Schenkungen, Stiftungen, Klostergründungen und durch den Abschluss von Gebetsvereinigungen.

Heinrich und Kunigunde waren selbst für frühmittelalterliche Verhältnisse ein außergewöhnliches Stifterpaar. Ihre Großzügigkeit grenzte fast schon an Verschwendung und erklärt sich nur aus ihrem Willen, ganz dem Gebot des Evangeliums entsprechend, um des Himmelreiches willen alles zu verkaufen und zu verschenken, was es besaß (Mt. 13,44–46). Für den wahren Schatz des ewigen Lebens zeigten sich beide bereit, auf weltliche Güter und Reichtum so weit wie möglich zu verzichten.

Dabei ging es nicht nur um ihr persönliches Seelenheil. Mit der Förderung der Kirche hofften sie gleichzeitig, durch große, öffentlich inszenierte Akte das göttliche Heil auch für ihr weltliches Reich herabzuflehen. So nahm das Paar an vielen Kirch- und Domweihen teil, gestaltete die liturgischen Feiern aktiv mit, insbesondere wenn wichtige Kriegszüge oder wichtige Reichsangelegenheiten bevorstanden. Vor den Polenfeldzügen erhielten die Kirchen in Nienburg an der Saale (1004), Regensburg (1010), Magdeburg und Quedlinburg (1017) ihre Weihe, vor dem Burgunderfeldzug (1018) der Wormser Dom, vor dem Italienfeldzug 1021 Merseburg und St. Michael zu Bamberg. Gerade in Sachsen mit seiner gefährdeten Ostgrenze wurden rund 15 Kirchweihen unter Beisein des Königspaares vollzogen, um die königstreuen Kräfte in dieser Region zu stärken. Noch kurz vor seinem Tod nahm Heinrich an prächtigen Kirchweihen wie der von Utrecht (1023) teil, um das Zusammenwirken von weltlicher und geistlicher Macht zu beschwören.

9 Ende einer Ära

DER TOD DES KAISERS

Mit Heinrichs Gesundheit ging es im Laufe der letzten Jahre rapide bergab. Sein altes Steinleiden setzte mit Wucht wieder ein, zu Beginn des Jahres 1024 hielt es ihn fast drei Monate lang in Bamberg fest. Selbst der hl. Benedikt, auf dessen Hilfe er vertraute, vermochte nicht mehr zu helfen. An Ostern konnte der Kaiser zwar die Festtage in Magdeburg wieder mitfeiern, doch schon kurz darauf musste er erneut eine Zwangspause in der Pfalz Goslar einlegen. Nur mit Mühe schaffte er es Anfang Juli, zu seinem Pfalzort Grone bei Göttingen aufzubrechen. In diese repräsentative, hoch über dem Leinetal gelegene Wohnburg, die zum alten Eigenbesitz der Liudolfinger zählte, zog sich Heinrich in seinen letzten Tagen zurück. Die Burg hatte schon viele prominente Ereignisse wie Bischofsweihen, Reichsversammlungen und Kaiseraufenthalte gesehen und bot genügend Komfort.

Hier starb Heinrich II. am 13. Juli 1024 im Beisein seiner Gemahlin. Die fromme Legende des Ebernand von Erfurt berichtet darüber: »Als sich ihm der Tod nahte, war die fromme Kaiserin Kunigunde an seiner Seite. Die herbeigerufenen Fürsten waren alle versammelt, und auch die Verwandten seiner Gemahlin hatte er eingeladen. Der edle Herrscher dankte ihnen allen auf kaiserliche Art (...) Dann fasste der mächtige Kaiser die fromme Kunigunde bei ihren weißen Händen und empfahl – wie ich in meiner Quelle las – die vortreffliche Frau in die Obhut der Fürsten.« Gesichert daran ist, dass Heinrich in seiner Todesstunde seiner Frau die Reichsinsignien anvertraute und das Schicksal des Reiches damit in ihre Hände legte. Es lag nun an ihr, dass das Reich auf friedlichem Wege zu einem neuen König kam und nicht ins Chaos stürzte.

Der tote Kaiser selbst fand sein Grab wie selbstverständlich in seiner Lieblingsstiftung Bamberg. Hierher wurde er überführt und im Dom vor dem Kreuzaltar in der Mittelachse zur letzten Ruhe gebettet. Da dieser Altar auch dem Märtyrer Stephan geweiht war, vertraute sich Heinrich damit der Fürsprache dieses ersten Glaubenszeugen an. Bei archäologischen Ausgrabungen 1969/72 fand man an dieser Stelle, die auch andernorts immer nur besonderen Stiftern und weltlichen Adligen vorbehalten war, tatsächlich einen Steinsarkophag, der auf Grund seiner prominenten Lage als Grabstätte des Kaisers gilt. Dem schlichten ottonisch-romanischen Steinsarkophag mit Kopfmulde fehlten zwar Grabdeckel und Inhalt, aber da auch andere ottonische Herrscher in ähnlichen Sarkophagen bestattet wurden, ist anzunehmen, dass die Gebeine Heinrichs II. ursprünglich in diesem Exemplar ruhten, bevor sie nach seiner Heiligsprechung umgebettet wurden.

Mit Heinrich II. endete die männliche Linie des ottonischen Herrscherhauses. Eine Ära ging zu Ende. Thietmar hatte einem Reich ohne Erben ein schlimmes Ende vorausgesagt – es drohte ein Machtvakuum und ein mit Waffengewalt ausgetragener Rangstreit unter den Fürsten. Auch der zeitgenössische Diakon Bebo fürchtete um den Frieden im Reich: »Wenn du einmal hinsinkst, wird wieder alle Tugend schwinden, alles hinwelken, was heute unter deinem Schutz in entzückender Pracht dasteht.«

Doch es kam anders. Dank der tatkräftigen Unterstützung Kunigundes vollzog sich der Herrscherwechsel friedlich und ohne Brüche.

REGIERUNGSÜBERGABE DURCH KUNIGUNDE

Kunigunde führte nach dem Tod ihres Gatten die Reichsgeschäfte mit Hilfe ihrer Brüder, Bischof Dietrich II. von Metz und Herzog Heinrich von Bayern, fort. So berichtet es jedenfalls eindringlich der Hofchronist der Salier, Wipo († nach 1046), in seiner »Gesta Chunradi«: »Die Kaiserin Kunigunde trat nach Kräften für das Reich ein, obwohl sie der Stütze des Gatten beraubt war (...) Mit klarblickender Einsicht war sie zielbewusst bemüht, dem Reich seine Festigkeit wiederzugeben.« Zum Beraterstab um Kunigunde gehörte in diesen kritischen Tagen wohl auch der vertraute Erzbischof Aribo von Mainz, der den Primat in der Reichskirche und damit eine Führungsrolle im Reich beanspruchte.

Eine Reliefszene am Sarkophag des Kaiserpaares im Bamberger Dom stellt den Tod Heinrichs dar: Noch einmal wird die große Verbundenheit der beiden betont, indem der sterbende Kaiser mit erhobener Hand auf die tief trauernde Kunigunde zeigt und sie seinen Getreuen empfiehlt.

Der Entschlossenheit dieses Führungskreises war es zu verdanken, dass die Wahlversammlung zur Kür eines neuen Königs bereits sechs Wochen nach dem Ableben Heinrichs, am 4. September 1024, in Kamba gegenüber Oppenheim stattfinden konnte. Schon in den Wochen vorher hatte es intensive Kontakte zwischen den Großen des Reiches gegeben. »Die persönlichen Vorschläge und Ansichten der Einzelnen, wem sie geneigt waren, wen sie ablehnten und wen sie sich zum Herrscher wünschten, vermittelten bequem Schreiben und Botschaften, und zwar mit gutem Erfolg«, so Wipo. Nach diesen intensiven Vorverhandlungen kam die überwiegende Mehrheit der weltlichen und geistlichen Großen auf dem »weiten,

Die Wahl Konrads II.

Der Geschichtsschreiber Wipo schilderte in seiner zwischen 1040 und 1046 verfassten »Gesta Chunradi« anschaulich die Wahl Konrads II. Auf der Wahlversammlung nominierten die Großen des Reiches zwei Kandidaten aus dem Haus der Salier für den Thron: Konrad den Älteren und Konrad den Jüngeren. Für die Salier sprachen ihre solide Hausmacht am Mittelrhein um Worms und Speyer sowie ihre gute Vernetzung mit lothringischen und fränkischen Adelsfamilien, mit denen sie vielfach verschwägert waren. Über die Tochter Ottos des Großen ließen sich außerdem verwandtschaftliche Beziehungen zum ottonischen Herrscherhaus geltend machen.

Doch blieb die Frage offen, welcher der beiden Konrade die Krone tragen sollte. Der Ältere, damals etwa 35 Jahre alt, ergriff die Initiative und bewegte seinen über zehn Jahre jüngeren Vetter in einem langen persönlichen Gespräch dazu, die Wahl der Fürsten als »Gottesurteil« zu akzeptieren und den Frieden zu wahren.

So konnte ein förmlicher Wahlakt vollzogen werden. Erzbischof Aribo von Mainz gab seine Stimme als Erster ab – zu Gunsten Konrads des Älteren. Ihm folgten die Erzbischöfe und hohen Geistlichen mit dem gleichen Votum. Konrad der Jüngere stimmte anschließend der Wahl seines Vetters zu und setzte sich demonstrativ neben ihn. Alle anderen weltlichen Großen wiederholten nun den Kürspruch zugunsten des Älteren. Danach akklamierte das Gefolge und anerkannte damit die Wahl der Fürsten. Anschließend übergab Kunigunde ihm die Insignien zur Königswahl.

Die »einmütige« Wahl zeigte jedoch Schönheitsfehler: Die Sachsen waren in Kamba erst gar nicht anwesend, die Lothringer und Erzbischof Pilgrim von Köln, die den Jüngeren favorisierten, hatten den Wahlort bereits vorzeitig verlassen. Dennoch wurde der Ältere akzeptiert; ausschlaggebend dafür waren vermutlich seine

persönlichen Charaktereigenschaften – die von Wipo hervorgehobene »Milde« und »Barmherzigkeit« – wie auch die Tatsache, dass er bereits einen Sohn und Erben präsentieren konnte. Ein Gegenkandidat stand durch seine frühe Einigung mit dem Vetter ohnehin nicht zur Verfügung.
So konnte Konrad sich in Mainz unangefochten zum neuen König krönen lassen. Nicht eine überstürzte Salbung wie bei seinem Vorgänger Heinrich hatte den Ausschlag für seine Thronbesteigung gegeben, sondern der Wahlakt der Fürsten. »Dieser Wahl fehlte die Gunst der himmlischen Gnade nicht«, urteilte Wipo abschließend, »denn unter Männern von außerordentlicher Macht und so vielen Herzögen und Markgrafen wurde ohne Neid und Streit einer erwählt, der wohl an Geburt, Tüchtigkeit und Eigengut niemandem unterlegen war.«

ebenen Gelände zwischen Mainz und Worms« zusammen, um über »die Kernfrage des Reiches« zu verhandeln. Die Versammlung verständigte sich nach einigen Debatten einmütig auf den Salier Konrad den Älteren als neuen König. Sofort nach dem Votum übergab Kunigunde die Reichsinsignien an den Gewählten, damit dieser sich als Konrad II. zum rechtmäßigen König krönen lassen konnte. Sie »bevollmächtigte ihn dadurch zur Herrschaft, soweit ihr Geschlecht das vermag«. Damit spielte sie eine entscheidende Rolle bei der Machtübergabe.

Schon am 8. September konnte Konrad – wie sein Vorgänger – im Mainzer Dom gekrönt werden. Auf dem Krönungsweg dorthin wurden ihm im Zeremoniell demonstrative Beweise seiner Milde, Barmherzigkeit und Gerechtigkeit abverlangt. Er musste einen Feind begnadigen, sich eines Armen erbarmen und einer Witwe Gerechtigkeit erweisen – womöglich eine Lehre aus der recht selbstherrlichen, zuweilen auch gewaltsamen Herrschaft Heinrichs?

Wipo äußerte sich lobend über das besonnene Verhalten Kunigundes. Sie sei es gewesen, die durch ihr kluges Handeln die *»res publica«* vor Schaden bewahrt hätte. Erst ihre bereitwillige Übergabe der Krönungsinsignien habe einen reibungslosen Machtwechsel im Reich garantiert und Konrad »zur Herrschaft stark gemacht«.

KUNIGUNDES WITWENSCHAFT UND TOD

Nach getaner Arbeit trat Kunigunde am ersten Todestag ihres Mannes, am 13. Juli 1025, als Nonne in ihre Klosterstiftung Kaufungen ein. Sie legte ihre kaiserlichen Gewänder ab und nahm ein einfaches schwarzes Gewand mit Schleier an. Am selben Tag wurde die neue Klosterkirche unter Beisein zahlreicher Würdenträger festlich geweiht. Aus diesem Anlass schenkte Kunigunde der Kirche eine wertvolle Kreuzreliquie, die jedes Jahr am Kirchweihfest in einer Prozession dem Volk gezeigt wurde. Anders als die kaiserlichen Schwestern Ottos III., Sophie von Gandersheim und Adelheid von Quedlinburg, fungierte sie nicht als Äbtissin, sondern lebte fortan als einfache Nonne in der Gemeinschaft der Frauen. »Kunigunde, durch Gottes Fügung nur noch dem Namen nach Kaiserin«, bezeichnete sie sich selbst in einem Brief einmal. Aus der Hand Bischof Aribos von Mainz empfing sie Schleier und Ring. Das Führungsamt überließ sie dagegen ihrer Nichte Uta.

Die Legende weiß zu berichten, dass Kunigunde für einen strengen, einfachen Lebensstil eintrat. Als ihre Nichte an einem Sonntag nicht zur Kreuzprozession erschien und sich lieber den Tafelfreuden hingab, habe Kunigunde ihr so heftig ins Gesicht geschlagen, dass der Abdruck ihrer Hand dauerhaft auf deren Wange zurückblieb. Regeltreue und Bescheidenheit waren ihr anscheinend besonders wichtig. »Ins Kloster eingetreten, übte Kunigunde sich in jeder Art christlicher Frömmigkeit zur größten Verwunderung aller; sie, die vortrefflichste Frau des ganzen Reiches, Gräfin und Kaiserin, wusch den anderen die Füße, deckte den Tisch, goss Wasser über die Hände und stand den Siechen mit Eifer zu Diensten«, berichten die Bamberger Annalen aus der Rückschau.

Doch genaue und gesicherte Angaben über die letzten acht Lebensjahre der kaiserlichen Witwe lassen sich nicht machen.

d 92

vnd kindern dye sye in solchen kirchen gesamelt hetten sole vorsteen/darumb fastet sye vnd pettet vleyssig teglichs/Den tag verbracht sye in einẽ wircklichen leben mit sant Martha in mancherley arbeyt/dy nacht füret sye ein beschawlich lebẽ mit Maria magdalena/andechtiglich/ mit viel mancherley süssem gepet vnd gutten geystlichen gedancken.

Wye dye heylig junckfraw vnnd Keyserin in den geystlichen orden yres gestiefften Closters gangẽ ist. Das syebendt Capitel.

Am ersten Todestag ihres Mannes trat Kunigunde als einfache Nonne in das Kloster Kaufungen ein. Ein Holzschnitt aus dem Legendenwerk des Nonnosus Stettfelder (1511) hält die Szene vor dem Altar der Klosterkirche fest.

Sie verschwindet bereits im Nebel der Legendenbildung. Nicht einmal ihr Todesdatum ist völlig zweifelsfrei überliefert: Sie starb an einem 3. März. Das Todesjahr nimmt die Forschung allgemein für 1033 an. Bamberger Quellen nenne jedoch auch das Jahr 1039.

Vermutlich fand Kunigunde ihre erste Grablege in der Kaufunger Klosterkirche, bevor sie zu einem unbekannten Zeitpunkt nach Bamberg an die Seite ihres Gemahls überführt wurde. Chronikalische Nachrichten fehlen allerdings darüber. Erst im 12. Jh. verorten Bamberger Quellen ihr Grab im dortigen Dom. So senkt sich ein Schleier der Ungewissheit über die Verstorbene und ihre letzte Ruhestätte. Erst mit ihrer Heiligsprechung tritt sie wieder ins helle Licht der Überlieferung ein – jetzt aber lebendiger als je zuvor.

10 Auf dem Weg in die Ewigkeit

Zu Lebzeiten galten Heinrich und Kunigunde als unzertrennliches Paar. Gemeinsam zogen sie von Pfalz zu Pfalz, wie anhand ihres Itinerars zu erschließen ist; nur sehr selten unterbrachen Feldzüge oder wichtige Reichsangelegenheiten ihre gemeinsamen Auftritte. Ihre Aufnahme in die Schar der Heiligen der Kirche vollzog sich nach ihrem Ableben aber überraschenderweise auf getrennten Wegen: Heinrich und Kunigunde wurden nicht als Paar, sondern als Einzelpersonen heiliggesprochen, und das im Abstand von über einem halben Jahrhundert. Heinrichs Kanonisation erfolgte 1146, Kunigundes 1200. Und Letztere benötigte dazu, will man der Erzählung Ebernands von Erfurt glauben, auch noch die »Schützenhilfe« ihres verstorbenen Ehemannes: Dem Bamberger Sakristan Reimboto musste in einer Vision der heilige Kaiser persönlich erscheinen, um die eingeschlafenen Kanonisationsbemühungen des Bamberger Domkapitels zu beflügeln. Doch es dauerte nicht allzu lange, bis Kunigunde als Heilige den Kult des Kaisers überstrahlte. Die »Kaiserin und Jungfrau« stieg im Spätmittelalter zu einer populären und volkstümlichen Heiligen mit mariengleichen Zügen auf – deutlich beliebter als ihr Ehemann.

DIE KANONISATION HEINRICHS II.

In der unmittelbaren Erinnerung des 11. Jhs. blieb zunächst der Kaiser als kraftvolle Herrscherpersönlichkeit präsent. Dem großzügigen Stifter und Bistumsgründer fühlten sich viele geistliche Institutionen zu Dank und Memoria verpflichtet. Besonders in Bamberg sorgte das festlich begangene Totengedenken mit speziellen Seelenmessen dafür, dass er nicht in Vergessenheit geriet. Im Herrscherlob wurde er lange vor seiner Kanonisation als *»rex pius«*, als frommer König, gewürdigt, was der privaten Verehrung im Bistum Vorschub leistete. Schnell begannen sich Anekdoten und volkstümliche Erzählungen um des Kaisers Leben zu ranken, die ihn jenseits aller Heiligkeit als Menschen aus Fleisch und Blut zeigten –

mit einer Vorliebe für derbe Scherze und Foppereien gegenüber seinen Bischöfen. Spontan setzte die Verehrung im Volk ein. An das Grab des Kaisers strömten nachweislich schon in der zweiten Hälfte des 11. Jhs. fromme Pilger.

Zum durchweg positiv beurteilten »Vorzeigeheiligen« eignete sich der Verstorbene dennoch nicht: Die Bilanz seiner Politik konnte nicht jeden begeistern. Im Zeichen des ausbrechenden Investiturstreits erschienen seine freimütigen Eingriffe in die kirchliche Personalpolitik sogar als himmelschreiendes Unrecht. Papst Gregor VII. (1073–1085) kämpfte mit allen ihm zur Verfügung stehenden geistlichen Waffen um die Freiheit der Kirche vor dem Einfluss der Laien und schreckte auch vor der Bannung des Saliers Heinrich IV. (reg. 1056–1105) nicht zurück. Gemessen an diesen Maßstäben konnte der verblichene Heinrich II. nur als Vorbote des Menetekels, als Kirchenräuber und grässlicher Simonist erscheinen, der Abt- und Bischofsstellen zum Nachsehen der Kirche nach Gutdünken vergeben hatte. Folgerichtige geißelte ihn ein prominenter Anhänger der gregorianischen Reformpartei, Kardinal Humbert von Silva Candida, mit harschen Worten, die ihre Wirkung nicht verfehlten. In manchen bildlichen Darstellungen noch des 14. Jhs. erschien der Kaiser als Ausbund des Bösen und als eines der Häupter des siebenköpfigen apokalyptischen Drachens neben dem Kindermörder Herodes und dem römischen Kaiser Nero – böse Interpretationen, die das Bild des Kaisers in der Nachwelt vor allem im Reich dennoch nicht auf Dauer beschädigen konnten, denn der generöse Mäzen geriet hier nie in Vergessenheit.

Heinrichs posthume Stunde schlug, als mit dem Staufer Konrad III. (reg. 1138–1152) ein König auf den Thron kam, der anders als seine salischen Vorgänger, die anfangs das Bistum Bamberg in seinem üppigen Bestand zu beschneiden versucht hatten, diesem wohlwollend gegenüberstand. Unter den in Franken begüterten Staufern rückte die Region erneut ins Zentrum der Reichsgeschichte und wurde zu einem Mittelpunkt der staufischen Herrschaft. Auf einem Hoftag zu Bamberg hatte Konrad die allgemeine Huldigung seiner Fürsten nach der Königswahl 1038 angenommen. Weitere acht Mal weilte der erste Staufer danach in der Bamberger Pfalz, zuletzt, schwer erkrankt, kurz vor seinem Tod 1152. Und obwohl er in Lorch hätte bestattet werden sollen, fand er sein Grab schließlich im Bamberger Dom. Wie eng die Bindung der Stadt an das staufische Königtum im Hochmittelalter war, zeigte nicht zuletzt der Aufstieg Bischof Eberhards II., der zu den wichtigsten Beratern und Weggefährten Kaiser Friedrich Barbarossas (reg. 1152–1190) zählte, später sein Kanzler wurde und lange Jahre mit ihm in Italien weilte. Als Dank für seine treuen Dienste bekam er für sein Bistum 1152 das blühende und vermögende Reichskloster Niederaltaich an der Donau übertragen. Eberhards Nachfolger Otto II. aus dem Hause Andechs konnte die starke Rolle bei Hof fortsetzen, weilte mit dem Kaiser in Italien und führte Verhandlungen mit dem päpstlichen Hof.

Mit Unterstützung des Staufers Konrad also gelang es dem Bamberger Klerus, ab den 1140er-Jahren das Heiligsprechungsverfahren für den großen Gönner des Bistums in Gang zu setzen. Papst Eugen III. (1145–1153) war bereit, die vorgelegte Vita des Kaisers zu prüfen, und entsandte zwei Legaten nach Bamberg, die Zeugen anzuhören und Untersuchungen in dieser Angelegenheit vorzunehmen hatten. Die dem Papst vorgelegte Lebensbeschreibung des Kaisers war bemüht, das Wirken Gottes in dessen Regierungszeit offenzulegen. So wird von Traumvisionen und Wunderheilungen – wie jene von Montecassino durch den hl. Benedikt – berichtet, die von Anfang an des Kaisers Leben begleitet haben sollen. In den Feldzügen mit den Slawen standen ihm nach dem Bericht des anonymen Autors die Heiligen Georg, Laurentius und Adrianus zur Seite, die dem Heer voranzogen. Auch die Kinderlosigkeit des Paares nahm die Vita ins Visier: Sie wurde religiös kaschiert und als bewusster Verzicht auf Sexualität vom Tag der Eheschließung an gedeutet. Der »Makel« Kinderlosigkeit wandelte sich damit zu einem Beweis für die Heiligkeit des Paares. Von Gerüchten und übler Nachrede um diese »Josephsehe« wusste die Vita ebenfalls zu berichten und fand dafür mit dem »Pflugscharwunder« eine adäquate Umschreibung: Kunigunde sah sich durch den bei Hof kursierenden Klatsch genötigt, in einem Gottesurteil ihre Jungfräulichkeit in aller Öffentlichkeit zu beweisen. Mit bloßen Füßen schritt sie unversehrt über glühende Pflugscharen. Ihre Unschuld war damit bewiesen; die keusche Ehe offenbar.

Auf den Beistand »von oben« konnte sich der Kaiser nach Darstellung der Vita auch in seiner Todesstunde verlassen. Bei der entscheidenden Seelenwägung nach dem Tod, die über Wohl und Wehe im Jenseits befand, warf der hl. Laurentius, der Patron des Bistums Merseburg, in letzter Minute einen Kelch zugunsten Heinrichs in die Waagschale, um das Urteil zum Guten zu wenden. Der Teufel, der sich schon der Seele des Kaisers sicher war, ging nun leer aus. Heinrichs gute Taten – seine Stiftungen – überwogen und er konnte ins Himmelreich einziehen.

Zum selben Schluss wie das fiktive Jenseits-Gericht kam auch Papst Eugen nach eingehender Prüfung der Taten und Wunder des Kaisers. Am 12. März 1146 schloss er das Heiligsprechungsverfahren ab und unterzeichnete zwei Tage später die Kanonisationsbulle. »Nun aber haben Wir«, so schrieb er, »durch das Zeugnis dieser Unserer Brüder und vieler religiöser und verständiger Männer über seine Keuschheit, über die Gründung der Bamberger Kirche und vieler anderer, über die Wiederherstellung einiger bischöflicher Sitze und seine vielfältige Freigebigkeit beim Spenden von Almosen, über die Bekehrung des Königs Stephan und die von ganz Ungarn, welche durch die Mitwirkung des Herrn von ihm herbeigeführt worden ist, ebenso über sein glorreiches Hinscheiden und über mehrere Wunder, die nach seinem Todes in der Gegenwart seines Leichnams durch Gott sichtbar geschehen sind, vieles erfahren. Unter diesem erachten Wir vor allem als besonders erwähnenswert, dass er, da er die Krone und das Szepter des Kaisertums empfangen hatte, doch nicht nach Art eines Kaisers, sondern wie ein Geistlicher gelebt, dass er, in rechtmäßiger Ehe verbunden, dennoch, was nur Wenige erreicht haben sollen, unversehrte Keuschheit bis ans Ende seines Le-

Schutzherren der Kirche, Patrone der Reiche: Heilige Könige in Europa

Das Kaiserpaar Heinrich II. und Kunigunde glänzt nicht allein am Heiligenhimmel, sondern präsentiert sich in Gesellschaft weiterer heiliger Könige und Königinnen, die es in Europas Geschichte immer wieder gab. Berechnungen zufolge wurden zwischen dem 10. und 14. Jh. etwa 30 gekrönte Häupter von der Kirche als heilig anerkannt. Voraussetzung dafür waren ein nach kirchlichem Ermessen einwandfreier persönlicher Lebensstil, vor allem aber Verdienste um die Verbreitung des Glaubens und den Aufbau einer eigenen Landeskirchenorganisation sowie eine »gute« Herrschaft über die Königreiche.

Nicht umsonst finden sich die ersten Vertreter der »heiligen Spezies« in den kleinen sächsischen Königreichen des vornormannischen Englands, als sich das Christentum gerade erst zu verbreiten begann und gegen noch heidnische Anhänger verteidigt werden musste. Den Anfang machte Ethelbert von Kent, der an der Wende vom 6. zum 7. Jh., beeinflusst von seiner Frau Bertha, das Christentum annahm. Seine Bemühungen um die Ausbreitung der neuen Lehre unter seinen Angelsachsen, die Gründung der wichtigen Kirche von Canterbury sowie die Bekehrung der Könige von Essex und East Anglia unter seiner Herrschaft blieben in der Erinnerung der Nachwelt haften und führten dazu, dass er rasch nach seinem Tod als heilig verehrt wurde. Ihm folgten Edmund, der im 9. Jh. in East Anglia erstmals eine dezidiert christliche Herrschaft entfaltet und unter den einfallenden heidnischen Dänen den Märtyrertod erlitten hatte, sowie die beiden Eduarde: der Märtyrer (10. Jh.) und der Bekenner (11. Jh.), beide ausgezeichnet durch besondere persönliche Frömmigkeit.

In Skandinavien fand der Kult des norwegischen Königs Olav II. weite Verbreitung. Er war um 1013 Christ geworden und galt als Märtyrer, obwohl er eigentlich durch ein aufständisches Bauernheer aus überwiegend bereits christianisierten Landsleuten in der Nähe von Trondheim den Tod gefunden hatte. Dennoch verband sich mit seinem Namen die Bekehrung Norwegens. Im Osten Europas fanden Wenzel von Böhmen und der Großfürst von Kiew, Wladimir der Große, sowie König Stephan von Ungarn im Verlauf des 10./11. Jhs. aus nämlichem Grund ihre Wege in die Heiligkeit – wegen Verdiensten um die Missionierung ihrer Völker und des Aufbaus von Kirchenorganisationen in ihren Ländern. Den Reigen heiliger gekrönter Häupter ergänzten selbstverständlich zu allen Epochen auch Königinnen wie die Merowingerinnen Chlothilde und Bathildis oder die Ottoninnen Mathilde und Adelheid, die als Klostergründerinnen oder auch als Äbtissinnen und Wohltäterinnen Ansehen genossen.

Zu Europas letzten heiligen Fürsten zählten Kasimir von Polen und Amadeus IX. von Savoyen im 15. Jh., die durch eine dezidiert christliche Lebensweise aufgefallen waren.

Heinrich und Kunigunde lebten in einer Zeit, in der das Christentum in ihrem Reich längst gefestigt war. Doch sprach in besonderem Maße ihre persönliche Frömmigkeit, die in ihrer (angenommenen) lebenslangen sexuellen Enthaltsamkeit und in ihrer überaus großzügigen Stiftungstätigkeit zu Gunsten der Kirche zum Ausdruck kam, für ihre Heiligkeit. Heinrichs harsches Vorgehen gegen den christlichen Polenherzog Boleslaw Chrobry kompensierte man bei den Kanonisationsbemühungen durch seine Mitwirkung an der Verbreitung des Christentums in Ungarn über seine Schwester Gisela. Die Christianisierung Ungarns hatte allerdings bereits Stephans Vater Geza, Giselas Schwiegervater, eingeleitet. Dennoch wurde auch Heinrich ein Anteil am Missionswerk zugebilligt, um einen weiteren »Beweis« für seine Heiligkeit zu haben.

bens bewahrt hat« (zit. nach Klaus Guth). Ein neuer Heiliger war geboren – der König und Kaiser als Bekenner des Glaubens und Förderer der Kirche.

In einer feierlichen Zeremonie erhob Bischof Eberhard II. von Bamberg am 13. Juli 1147 die Gebeine des Kaisers im Bamberger Dom. Konrad III. konnte dabei nicht anwesend sein, da er sich zusammen mit vielen weiteren Fürsten auf dem Zweiten Kreuzzug befand. Heinrichs Überreste wurden gleichwohl würdig aus dem vor dem Kreuzaltar befindlichen Erdgrab erhoben und zur allgemeinen Verehrung auf dem Altar ausgesetzt. Der 13. Juli, der Todes- und Translationstag, war dem Gedächtnis des heiligen Kaisers gewidmet. Das Bistum besaß fortan einen herausragenden Kirchenpatron, der nicht nur zum persönlichen Glaubensvorbild diente, sondern auch eine politische Funktion erfüllte. Der Heinrichskult festigte die Verbindung Bambergs zum staufischen Herrscherhaus einmal mehr und beschwor nach dem Investiturstreit die brüchig gewordene Einheit von weltlicher und geistlicher Macht.

Im Spätmittelalter ergänzten neue Aspekte den Heinrichskult, denn nach seinem kinderlosen Tod, mit dem die Linie der Ottonen endete, kam der Königswahl durch die Fürsten gesteigerte Bedeutung zu. Erst die Fürstenwahl vollzog den (friedlichen) Dynastiewechsel. Je stärker sich der Wahlcharakter des römisch-deutschen Königtums seit dem 13. Jh. verfestigte, umso mehr sah man in Heinrich den Ausgangspunkt, wenn nicht gar den »Schöpfer« dieser Entwicklung. Der verstorbene Kaiser galt nunmehr als »Schutzherr« der freien Königswahl und als »Gründer« des Kurfürstenkollegs, obwohl dieses erst im 14. Jh. seine feste Ausformung fand. Das »Heilige Reich« – die Bezeichnung tauchte erst unter den Stauferkaisern auf – bedurfte eines heiligen Patrons, umso mehr als sich kaiserliche und päpstliche Gewalt seit dem Investiturstreit auseinanderentwickelten und der wachsenden kirchlichen Macht zumindest in der Programmatik eine »heilige« weltliche entgegengesetzt werden musste. Die Funktion der »Reichspaten« erfüllten der 1165 von einem Gegenpapst heiliggesprochene Karl der Große und eben Kaiser Heinrich II.

Festigte der Karlskult jedoch vor allem Aachen als Krönungsort der deutschen Könige, womit ein Pedant zu Saint-Denis, dem Zentralort der französischen Monarchie, geschaffen war, sah man in Heinrich den Garanten der Reichsordnung im Hinblick auf den Wahlcharakter des Königtums. Gerade die tragenden Säulen der Verfassungsordnung, die wählenden Fürsten, legten Wert darauf, ihr Vorrecht nur ja nicht in Vergessenheit geraten zu lassen. Bis zum Ende des Alten Reiches 1806 blieb das römisch-deutsche Königreich in der Tat eine Wahlmonarchie.

DIE JUNGFRÄULICHE KAISERIN: KUNIGUNDES VERSCHLUNGENE PFADE IN DIE HEILIGKEIT

Kunigunde brauchte eine ganze Weile länger, um mit ihrem verstorbenen Gatten gleich- und in die Heiligenschar der Kirche einzuziehen. In Kaufungen wurde ihrer zwar an ihrem Todestag gedacht, doch ob und wann sie nach Bamberg überführt wurde und wer diese Translation zu verantworten hatte, bleibt völlig unklar. Eine Bamberger Quelle aus der ersten Hälfte des 12. Jhs. – der Codex Udalrici – lokalisiert zum ersten Mal ihr Grab an der Seite ihres Mannes. Doch eindeutige Belege oder chronikalische Nachrichten für eine Überführung fehlen. Es scheint aber, dass der Bamberger Klerus großes Interesse daran hatte, auch die verblichene Kaiserin in seiner geweihten fränkischen Erde zu wissen und damit zum Hüter eines weiteren Gnadenschatzes zu werden.

Im »Ranking« der heiligen Städte hatte sich Bamberg inzwischen kontinuierlich nach oben gearbeitet: Nach dem Kaiser hatte 1189 auch der Pommernapostel und Bamberger Bischof Otto I. (1102–1139) durch die gemeinsame Initiative von Abt Wolfram II. von Michelsberg und Bischof Otto II. von Bamberg seine Anerkennung als Heiliger in Rom erfahren. Doch sein Verehrungsort lag im Kloster auf dem Michelsberg, wo viele Pilger sein Grab besuchten, sodass die neuartige Konkurrenzsituation zu den Benediktinern das Domkapitel vermutlich zusätzlich anspornte, sich um eine Kanonisation Kunigundes zu bemühen.

Bereits um 1191 streckte eine Delegation ihre Fühler nach Rom aus, um die Chancen für eine Heiligsprechung auszuloten. Coelestin III. (1191–1198) war dem nicht abgeneigt und beauftragte die Bischöfe von Augsburg, Eichstätt und Würzburg sowie die Zisterzienseräbte von Ebrach, Langheim und Heilsbronn, dem Kunigundenleben nachzuspüren. Doch der Papst starb, bevor die Expertenkommission ihren Bericht vorlegen konnte. Das Kanonisationsverfahren verlief im Sand, dem Domkapitel fehlte offenbar danach der nötige Schwung, um die Angelegenheit erneut ins Laufen zu bringen. Das Fehlen von Wundern am Grab der Kaiserin ließ ein erneutes Vorsprechen bei der Kurie nicht sehr erfolgversprechend erscheinen. Was also tun?

Anscheinend hing die Wiederaufnahme des Verfahrens allein von der Hartnäckigkeit einiger Bamberger Kleriker ab, wie Ebernand von Erfurt in seiner mittelhochdeutschen Reimdichtung eindrucksvoll zu schildern weiß: Dem Sakristan Reimboto, so erzählte er, soll im Traum der heilige Kaiser Heinrich persönlich erschienen sein, um sich darüber zu beklagen, dass seine Gemahlin immer noch in der Erde ruhe. »Es wäre an der Zeit, die Gebeine der Frommen und Ehrwürdigen zu erheben und Kunigunde heiligzusprechen«, mahnte er und kündigte für den 1. August 1199, am Fest Petri Kettenfeier, Wundertaten am Grab seiner Gemahlin an, die sich denn auch prompt an diesem Tag einstellten. Die Wunderheilungen überzeugten anscheinend alle Zweifler im Domkapitel, die Reimboto zunächst einen »Narren und Träumer« genannt hatten. Er erhielt nun volle Unterstützung durch den Domprobst und den Dekan Gundelotz. Eilig stellte man eine Mirakelsammlung und eine Vita zusammen, um sie in Rom einzureichen. Aus Bescheidenheit, so argumentierte der unbekannte Autor der »Vita Cunegundis«, habe die Kaiserwitwe ihre Mirakel, die sie zu Lebzeiten im Kloster Kaufungen gewirkt habe, geheim gehalten, sodass sie der Öffentlichkeit nicht bekannt geworden seien. Aufgeführt wurde unter anderem ein Feuerwunder: das Löschen eines Brandes im Kloster mit Hilfe eines Kreuzzeichens. Die Vita legte bewusst den Schwerpunkt auf

Das Kopfreliquiar des heiliggesprochenen Kaisers zierte einst diese um 1280 angefertigte gotische Lilienkrone. Bis zur Säkularisation verblieb sie im Bamberger Domschatz, danach gelangte sie in die Schatzkammer der Residenz München. Seit 2012 befindet sich eine originalgetreue Kopie wieder in Bamberg.

das Leben der Kaiserin als Witwe, um ihre Demut, ihre Glaubenstreue und ihre Großzügigkeit gegenüber Armen und Schwachen herauszustellen, die allgemeine Kennzeichen der Heiligkeit waren und auch auf andere weibliche Heilige zutrafen. Kunigunde wird als besonders tugendhafte, fromme und keusche Frau vorgestellt, eben als »jungfräuliche Königin«. In stärkerem Maße als Heinrich wurde sie damit ihrem realen biographischen Hintergrund enthoben und phantasievoll überformt.

Doch die Methode zeigte Erfolg. Innozenz III. (1198–1216) gab dem Begehren des Bamberger Klerus am 29. März 1200 statt und unterzeichnete am 3. April die Kanonisationsbulle für die Kaiserin, deren vorbildliches Leben ihn offensichtlich überzeugt hatte. Der Papst legte dar, dass vor Gott allein das tugendhafte Leben zähle, nur die Menschen bedürften der Wundertaten, um erkennen zu können, ob ein Mensch von Gott begnadet sei oder nicht. Und nur der Papst könne als *»vicarius Christi«* ein so schwieriges Urteil wie jenes über die

Heiligkeit einer Person treffen, führte er aus, und reklamierte damit ganz beiläufig die Heiligsprechungskompetenz für alle Zukunft für den Heiligen Stuhl. Kunigundes Leben, Taten und Wunder erschienen Innozenz indes der Verehrung wert. Nach Bekanntgabe seiner Entscheidung wies er Bischof Timo von Bamberg an, die neue Heilige durch liturgische Feiern zu verehren und für die Erhebung ihrer Gebeine zu sorgen.

»Herrliche Frau Kunigunde, dein Name wurde nun weit bekannt. Die edlen Bamberger nahmen dich jetzt wahr. Hatten sie zuvor Zweifel gehegt, so waren sie nun durch das Tor der Gewissheit geschritten und wurden dieser Wunder froh«, freute sich Ebernand von Erfurt über die im zweiten Anlauf erfolgreiche Kanonisation. Mit großer Pracht erfolgte am 9. September 1201 die Translationsfeier. »Es kamen der König, zahlreiche Fürsten und andere hohe Herren und 14 Bischöfe«, überlieferte Ebernand. »Zu keinen Zeiten hatten sich jemals so viele Gläubige zusammengefunden wie zu diesem Fest.«

In der Tat muss der Auflauf groß gewesen zu sein, denn die Feierlichkeit fiel in eine politisch aufgewühlte Zeit: Der Stauferkönig Philipp von Schwaben war kurz zuvor von Innozenz III. gebannt worden. Ein hässlicher Thronstreit zwischen Staufern und Welfen entzweite seit 1198 das Reich. Der Papst ergriff mit der Bannung Philipps nach längerem Zögern offen Partei für den Konkurrenten Otto IV. und erkannte damit diesen als rechtmäßigen König an. In dieser bedrängten Situation rief der Staufer seine Anhänger zu einem Hoftag nach Bamberg, um sich ihrer Gefolgschaft zu versichern. Kein anderer Ort hätte sich dazu besser geeignet als der traditionell reichstreue Bischofssitz an der Regnitz. Am 8. September, seinem symbolträchtigen dritten Krönungstag, ließ sich Philipp von den anwesenden Fürsten huldigen. Einen Tag später erfolgte die feierliche Translation der Kunigunden-Gebeine unter großem Gepränge. Die Feier zu Ehren der neuen Heiligen mutierte damit zur Machtdemonstration der staufischen Königspartei im Reich, die mit diesem Akt ihre Einigkeit und Größe sichtbar machte. Kunigunde, die sich zu Lebzeiten um das Wohl des Reiches und um einen reibungslosen Macht-

Die volkstümliche Heilige

Um Kunigunde rankt sich eine Vielzahl volkstümlicher Legenden und Erzählungen. Eine der bekanntesten davon ist das sog. »Pfennigwunder«, das jedoch nicht aus ihrer Vita stammt und das erst über drei Jahrhunderte nach ihrer Heiligsprechung schriftlich fixiert wurde. Der Michelsberger Mönch Nonnosus Stettfelder († 1529) zeichnet das beliebte Motiv des gerechten Lohns in seiner 1511 in Bamberg gedruckten Lebensbeschreibung »Das leben und legend der heyligen junkfrawen und Keyserin sandt Kungunden« erstmals auf: Einst soll sie als Bauherrin der Stiftskirche St. Stephan den Arbeitern ihren Tageslohn am Ende ihres Werktages aus einer Schüssel dargeboten haben. Einer griff zu beherzt zu und wollte sich mehr Pfennige nehmen, als ihm nach seiner Arbeitszeit zustanden. Doch da geschah das Wunder – kein Arbeiter konnte mehr nehmen als er verdiente. Kunigunde trat damit als Garantin für soziale Gerechtigkeit auf, ganz ähnlich wie der Gutsherr im biblischen Gleichnis von den Arbeitern im Weinberg (Mt 20,1–16). »Welcher spat oder langksam kumen was, erhub auch nit mer dan im zu stund«, so Stettfelder. Der Mönch und Autor führte die Wunderkraft Kunigundes auf deren Keuschheit, Frömmigkeit und Heiligkeit zurück, mit der Gott sie in besonderer Weise ausgezeichnet habe.

Der beigefügte Holzschnitt nach Vorlage von Wolf Traut zeigt in Stettfelders Druckwerk die sitzende Kunigunde mit Krone auf dem Haupt vor den Arbeitern, die nacheinander an sie herantreten, um in die Schüssel zu greifen. Das Bildmotiv, das zuvor ohne textliche Erläuterung schon um 1400 aufgetaucht war, greift das im 16. Jh. besonders aufwühlende Thema der sozialen Gerechtigkeit auf. Es wurde sehr populär, nicht zuletzt durch Tilman Riemenschneider, der das Motiv als Bildschmuck für das kaiserliche Hochgrab im Bamberger Dom verwendete.

Stettfelder brachte die »new geschicht« in seinem Legendenwerk aber nicht völlig uneigennützig zu Papier: Passenderweise verwahrte man im Kloster Michelsberg eine kostbare Kristallschale auf, von der man annahm, dass sie die berühmte Kunigunden-Schüssel sei, aus der die Bauarbeiter ausbezahlt worden waren. Stettfelder schrieb also nicht allein zu Ruhm und Ehren der Kaiserin, sondern auch zum Ruhm seines Klosters, das einen so kostbaren Schatz hinter seinen Mauern barg.

wechsel nach dem Tod ihres Gatten gesorgt hatte, sollte durch ihre himmlische Fürsprache den Frieden nun auch posthum sichern helfen. Philipp suchte den Beistand der vorbildlichen Kaiserin und *»sanctissima imperatrix«*.

Den gordischen Knoten der Politik konnte indes auch die neue Heilige nicht lösen. König Philipp entbehrte schmerzlich ihrer schützenden Hand, als er 1208 ausgerechnet in der Bamberger Pfalz von einem persönlichen Rivalen ermordet wurde. Die festlichen Tage von Bamberg, die zuvor die prächtig begangene Trauung von Philipps Nichte Beatrix von Burgund mit Herzog Otto von Andechs-Meranien gesehen hatten, endeten durch diesen Mord in der Katastrophe, ohne jedoch die Stauferherrschaft im Reich endgültig hinwegzufegen. Kunigundes Gnadenfülle ergoss sich dagegen überreich an Kirche und Bistum Bamberg. Die Grabstätten der Heiligen, die vielen prächtig ausgestatteten Kirchen und Klöster sowie die umfangreichen Dom- und Klosterschätze mit ihren Reliquien zogen ein wachsendes Reisepublikum an, das seinerseits die städtische Wirtschaft beflügelte. Bamberg reifte in Hoch- und Spätmittelalter zu einer prosperierenden und vielbesuchten Stadt heran – dank dem Ruf seiner Heiligen.

DAS HEILIGE PAAR IN DER KULTISCHEN VEREHRUNG

Die Verehrung des heiligen Kaiserpaares verbreitete sich rasch im ganzen süddeutschen Raum, vor allem in Franken, Schwaben, Bayern und Österreich, und weiter nördlich davon im sächsischen und ostwestfälischen Gebiet. 363 Patrozinien und 1855 Kultgegenstände konnten durch eine Analyse der Kulttopografie bislang international ermittelt werden – selbst in Polen, Slowenien und Italien ließen sich noch einige wenige Fälle nachweisen. Jene Orte, die das Paar zu Lebzeiten besucht und großzügig beschenkt hatte, hielten die Erinnerung an sie aus Dankbarkeit besonders wach; neben Bamberg selbst waren dies Regensburg, Merseburg, Paderborn, Kaufungen, Straßburg, Luxemburg oder Basel. Gerade in Basel, dessen Münster von den beiden Heiligen besonders begünstigt worden war, etablierte sich ein weiteres starkes Kultzentrum, nachdem es Bischof Johann Senn gelungen war, 1347 zwei Armreliquien der Heiligen zu erwerben, die man in einer großen Prozession unter Führung des Bamberger Domherrn Eberhard von Giech von Bamberg in die Rheinstadt überführte. Seitdem feierte man im ganzen Bistum verbindlich den Heinrichstag, den 13. Juli; der Kaiser galt in Basel als Stadtpatron.

Doch ganz überwiegend blieben Heinrich und Kunigunde im deutschsprachigen Raum und hier vor allem im Bistum Bamberg präsent, wo zahlreiche kleinere Kirchen und Kapellen verstärkt seit dem 12. Jh. sie einzeln oder gemeinsam zu Patronen nahmen. Infolgedessen entnahm man immer wieder Reliquien aus dem Dom. Mehrfache Gräberöffnungen dort sind überliefert, so 1340 und 1380 oder 1513. Die Kaisergräber selbst und die in Bamberg verwahrten Reliquien blieben gleichwohl der unbestrittene Mittelpunkt der ansteigenden Verehrungswelle. Seit dem Spätmittelalter strömten Pilger zu Scharen in die Stadt an der Regnitz. Bamberg stieg zu einer der großen deutschen Wallfahrtsstätten im Reich auf, vergleichbar mit Trier oder Aachen. Um den Gläubigen besonders anschaulich die Nähe zu den Heiligen zu vermitteln, fasste man ihre Schädel in kostbare Reliquiare und trug sie zu besonderen Anlässen in Prozessionen durch die Straßen. Da der Domschatz eine ganze Reihe weiterer hochrangiger Reliquien barg – Kreuzpartikel, Nagelsplitter, Märtyrerschädel und -knochen, das Bamberger Heiltumsbuch von 1508/9 führte 137 Stücke auf –, wurde es üblich, eine größere

Auswahl davon in bestimmten Abständen vor dem Dom öffentlich zu zeigen. Die von etwa 1380 bis 1509 alle sieben Jahre am Kirchweihfest, dem 6. Mai, stattfindende Große Heiltumsweisung erfreute sich beim Volk großer Beliebtheit, denn Reliquienschätze in dieser Fülle fand man sonst selten. Auch die Klöster und Pfarrkirchen der Umgebung brachten ihre Heiligtümer zum Dom, sodass der versammelten Menge die zahlreichen Gegenstände in elf Umgängen gezeigt werden mussten. Eine große Prozession über den Domplatz schloss das mit vielen Ablässen verbundene Fest ab.

Alljährlich bildeten die Hochfeste, die zu Ehren des Kaisers und der Kaiserin an deren Todestagen, dem 13. Juli und dem 3. März, im Dom gefeiert wurden, den Höhepunkt des liturgischen Festkalenders in Bamberg. Für Kunigunde gab es zunächst noch einen zweiten großen Festtag, den Tag ihrer Translation am 9. September. Seit dem 14./15. Jh. beging man diese Feierlichkeiten besonders prächtig mit Glockengeläut, Vesper, Morgenmessen, Festprozession unter Teilnahme des Domkapitels sowie des gesamten Klerus der Stadt und unter Mitführung der Reliquienschreine sowie Hochamt mit Chorgesängen. Eigene Messformulare unterstrichen dabei jeweils die Bedeutung der beiden Heiligen als Bekenner und vorbildhafte Gläubige. In der Barockzeit erlebte das Heinrichsfest weitere intensive Pflege. Die ganze Stadtgemeinde, Geistlichkeit, Adel, Bruderschaften, Zünfte, Magistrat und Bürger zogen in genau abgestufter Reihenfolge in der Prozession an der Seite der kaiserlichen Heiligen durch die Stadt. Und bis heute wird der Heinrichstag im Bistum Bamberg festlich mit Umgang und Stadtfest begangen. Gewürdigt werden dabei die beiden Patrone aus dem fernen 11. Jh. in ihrer Rolle für Kirche, Welt und Glauben.

Jenseits der prächtigen Liturgien stiegen die beiden Heiligen aber vor allem durch die Legendenbildung zu wahren Volksheiligen auf. Die lateinischen Viten, die für das Kanonisationsverfahren geschrieben worden waren, erhielten bald deutsche Fassungen und Ausschmückungen. Ebernand von Erfurt machte den Anfang, als er etwa um 1220 auf Anregung

Das Pflugscharwunder, hier am Sarkophag des Kaisergrabes eindrucksvoll gezeigt, ist das beliebteste Motiv der Kunigunden-Legende. Mit graziösen, geradezu tänzelnden Schritten schreitet Kunigunde über glühende Pflugscharen, um ihre Keuschheit zu beweisen. Der Kaiser steht beschämt daneben.

des ihm bekannten Bamberger Küsters Reimboto eine volkssprachige, gereimte Doppelbiografie des Kaiserpaares herausbrachte, die sich speziell an ein interessiertes Bamberger Publikum richtete. Der sprachlich gewandte, mit moderner Reim- und Verstechnik wohl vertraute Ebernand – vermutlich ein aus Thüringen stammender Kleriker – verstand es gekonnt, das Außergewöhnliche und Wundersame aus der

Lebensgeschichte der Beiden herauszuarbeiten und dadurch das Interesse an ihnen zu wecken: ihre keusche Josephsehe, das Pflugscharwunder, die Heilung des Kaisers vom Steinleiden oder der Kampf zwischen Engeln und Teufeln bei der Seelenwägung. Seine bunte und anekdotenhafte Schilderung traf den Nerv einer Zeit, die sich nach Mirakeln, Wundern und heiligen Zeichen geradezu sehnte. Geschickt stilisierte er Kunigunde zu einer jungfräulichen, mariengleichen Gestalt, die im Zeitalter der blühenden Marienverehrung auf große Gegenliebe hoffen durfte. Ebernands Versdichtung ist zwar nur in einer einzigen Handschrift überliefert, doch kam seinem Werk durch die um 1400 in Nürnberg entstandene Prosafassung große Bedeutung zu, denn diese fand Aufnahme in die populärste Legendensammlung des Spätmittelalters, »Der Heiligen Leben«, die bis ins 16. Jh. in zahlreichen Handschriften und Drucken in ganz Europa verbreitet wurde. Schätzungsweise 40.000 Exemplare waren von diesem beliebten volkssprachlichen Legendar in Deutschland, den Niederlanden und in Skandinavien im Umlauf. Durch den Buchdruck fand es weite Verbreitung. In Klöstern wurden Auszüge daraus zur Tischlektüre vorgetragen.

Unter den Druckwerken stach Anton Kobergers zweibändige Prachtausgabe »Passional, der Heiligen Leben« (1488, Nürnberg) hervor. Sie fügte vor jedem Heiligenleben einen eigenen kolorierten Holzstich ein. Gerade diese Illustrationen – für Heinrich und Kunigunde wurden die Seelenwägung und das Pfennigwunder verwendet – erfreuten sich großer Popularität und prägten den Bildkanon der beiden Heiligen. Im Zusammenhang mit dem 300. Jahrestag von Kunigundes Heiligsprechung erschienen weitere Bild- und Druckwerke wie jenes des Michelsberger Mönchs Nonnosus Stettfelder, dessen prachtvoll mit Holzschnitten geschmückte, erste eigenständige Lebensbeschreibung des Kaiserpaares 1511 ein breites Publikum ansprach. Auch in späteren Jahrhunderten kam noch Sagen- und Legendengut hinzu. Dies zeigt, dass die Erinnerung an die beiden über alle Epochen hinweg nicht erlosch.

Kunigunde: Die Wunderheilerin

Mehr noch als der gestrenge Kaiser Heinrich erreichte Kunigunde, die mildtätige, keusche und tugendhafte Frau, die Herzen der Gläubigen. Hatten sich zunächst an ihrem Grab keine Wunder einstellen wollen, setzten diese mit dem 1. August 1199 mit bewundernswerter Wucht ein. Eine Leipziger Mirakelsammlung führte bis zum September 1201 bereits über 100 Wunderheilungen an. Kunigunde heilte Besessene und Gelähmte, Blinde und Taube, Verletzte und Verstörte. Sie wandte dabei ihre Gunst Frauen und Männern jeglichen Alters und jeglichen Standes zu, wie eine Analyse der Mirakelbücher ergab. Immer mehr Gläubige aus der näheren und ferneren Umgebung strömten nach Bamberg. Aus bis zu über 90 km Entfernung reisten die Pilger an. Es etablierte sich eine blühende regionale Wallfahrt. Kunigundes Kult überstrahlte ab etwa 1300 den ihres Mannes deutlich. Ihr Schädel wurde in eine Reliquienbüste aus purem Gold gefasst und in einem kleinen Wandschrank hinter dem kleinen Kunigundenaltar in der Apsis des Georgenchores im Dom aufbewahrt. Dort war er dem Blick der Laien für gewöhnlich zwar entzogen, doch ein kleines Rundfenster (Okulus) in der Außenmauer der Apsis zeigte den heiligen Ort an und ermöglichte es den Gläubigen, sogar im Freien an Kunigundes Gnadenwerk zu partizipieren. Da sich der Ostchor mit dem Rundfenster der Stadt zuwandte, durften die Bamberger darauf vertrauen, dass sich der Schutz der Heiligen permanent über sie ergoss.

Obwohl Kunigundes reales Leben als Kaiserin kaum Identifikationsmöglichkeiten für das einfache Volk bot, ließ ihre legendarische Umformung genügend Ansatzpunkte für Wünsche und Hoffnungen aller Art. Sie stand für eheliche Treue trotz großer Bedrängnis, für freiwillige Enthaltsamkeit trotz früher Verheiratung, für gerechtes Handeln in Alltagssituationen, für ein demütiges Leben als Witwe – eine Heilige wie aus dem

Bilderbuch. Gunda, Kuni oder Kunala, wie man sie im Volksmund liebevoll nannte, hatte jedem etwas zu geben. Im Spätmittelalter wurde sie daher fast wie eine Nothelferin angerufen. Schwangere Frauen legten sich als Berührungsreliquie Kunigundes Tunika – heute im Bamberger Diözesanmuseum bewahrt – auf den Bauch, um eine glückliche Geburt zu erflehen. Aus dem gleichen Wunsch heraus flocht man Kränze aus dem sog. »Kunigunden-Kraut«, dem Thymian. Bis heute wird in der Stadt Lauf an der Pegnitz das sog. Kunigundenfest begangen: Anlässlich der Kirchweihe der auf einer leichten Anhöhe liegenden Kunigundenkapelle zieht die Laufer Jugend in historischen Gewändern und mit Musikkapellen auf die Höhe, um der heiligen Kaiserin ihre Reverenz zu erweisen. Von einer Schülerin dargestellt, tritt Kunigunde als »Schutzheilige der Kinder« sogar selbst dabei auf. Die *»flos Babenbergensis ecclesie«*, die Blume der Bamberger Kirche, erfreut sich bis heute ungebrochener Beliebtheit.

LEBENDIGE ERINNERUNG: DER BAMBERGER DOM

Wer Heinrich und Kunigunde heute noch begegnen will, der geht am besten in den Bamberger Dom. Beim Neubau des Gotteshauses nach einer Brandkatastrophe 1185 stand das Domkapitel als Bauherr vor der Aufgabe, einerseits einen würdigen, dem hohen Rang der Bistumspatrone entsprechenden Repräsentationsraum zu schaffen, andererseits aber aus Ehrfurcht vor der Tradition die Gegebenheiten des Vorgängerbaus zu berücksichtigen. So übernahm man im Wesentlichen zwar Grundriss und Konzeption des Heinrichdoms, vergrößerte ihn aber deutlich und verlängerte ihn vor allem nach Osten. Die durch den Brand zerstörte Ostkrypta wurde zugeschüttet und außerhalb ihrer Fundamente der Grundstein für die östlichen Partien der neuen Kathedrale gelegt. Ostkrypta, Ostapsis und Osttürme gehören damit zu den ältesten Bauteilen des heutigen Doms. Die hier entstandene, 27 m lange dreischiffige Hallenkrypta zählt zu den schönsten erhaltenen ro-

Im Tympanon der Gnadenpforte stehen Heinrich und Kunigunde dicht am Thron Mariens mit dem Jesuskind. Kunigunde ist durch ihren Nimbus hier erstmals als Heilige gekennzeichnet.

manischen Sakralräumen Deutschlands, ist aber nicht das Original aus der Heinrichszeit.

Trotz dieser Neuschöpfungen versuchte man in vielfältiger Weise Bezug auf die beiden »Lokalmatadore« zu nehmen, was sich gerade im Skulpturenprogramm der Ostportale und in der Innenausstattung niederschlug. Diese waren ganz auf die Verehrung der beiden heiligten Stifter ausgerichtet. Schon beim Eintreten in die Kirche nahmen Heinrich und Kunigunde »ihre« Gläubigen in Empfang: Ihre Statuen schmückten die beiden Hauptzugänge in den Erdgeschossen der Osttürme, die Gnaden- und die Adamspforte.

Im Tympanon der um 1200–1204 fertig gestellten Marien- oder Gnadenpforte werden Heinrich und Kunigunde ganz nah und unmittelbar bei der thronenden Madonna mit Kind gezeigt. Unter den von beiden Seiten an den Marienthron herantretenden Figurengruppen sind sie – neben dem Apostelfürsten Petrus und dem hl. Georg als Kirchenpatrone – an vornehmster Stelle zu sehen. Ganz klein dagegen ducken sich zwei weitere Wohltäter des Bistums in das schmäler werdende Bogenrund: ein Bischof, vermutlich Ekbert, und ein Domprobst, wohl Boppo von Andechs-Meranien, als Vertreter der Bauherren des Neubaus. Sie sind nicht heiliggesprochen und rücken daher optisch an den Rand des Geschehens. Die dicht hinter ihrem Mann folgende Kunigunde dagegen ist durch einen Nimbus bereits eindeutig als Heilige gekennzeichnet. Kurz nach ihrer Kanonisation wird sie hier zum ersten Mal den Gläubigen als solche vorgestellt. Die Kirchenmodelle in den Händen Heinrichs und seiner Frau weisen sie als Stifter des Domes aus, doch in ihrer Eigenschaft als Heilige stehen sie – erkennbar am Größenverhältnis – Petrus und Georg in nichts nach. Heinrich überragt sogar den Apostelfürsten um ein kleines Stück. Ihre Szepter bieten Kaiser und Kaiserin Maria und dem Jesuskind dar. Sie stellen sich damit in deren Gefolgschaft. Unter dem Marienthron kniet die kleine Gestalt eines Kreuzfahrers. Sie lässt vermuten, dass Kaiser und Kaiserin als »politische Heilige«, die einst selbst Macht ausgeübt hatten, den staufischen Kreuzzugsunternehmungen ihren Beistand gewähren sollten. Heinrich und Kunigunde, über Körperstellung, Gestik und Faltenwurf als Paar erkennbar, werden den Gläubigen damit in dreifacher Funktion vorgestellt: als weltliche Herrscher, politische Heilige und Förderer Bambergs sowie seiner Kirchen.

Während die Gnadenpforte, durch die besonders das Domkapitel einzog, den Bezug zur Bamberger Kirche herausstrich, besaß die Adamspforte, die für das einfache Volk vorgesehen war, eine allgemeinere, heilsgeschichtliche Aussage. Die um 1225/30 dort angefügten, zunächst für das Portal nicht vorgesehenen sechs Gewändefiguren zeigen Heinrich und Kunigunde in außergewöhnlicher Gesellschaft: Sie werden von den lebensgroßen Figuren des Märtyrers Stephanus, des Apostels Petrus, Adams und Evas begleitet. Über die Bedeutung der in zwei Dreiergruppen links und rechts des Portals gestellten Skulpturen wurde viel gerätselt. Adam und Eva, in für das Hochmittelalter beschämender Nacktheit dargestellt, brachten durch ihren Sündenfall die Menschheit in Bedrängnis, aus der sie erst Christus durch seinen Kreuzestod erlöste. Petrus, der neben ihnen steht, hält Christi Kreuz als Verweis auf dessen Erlösungstat in Händen. Er blickt hinüber zu Heinrich, der dieses Heilswerk mit seiner Gattin durch seine vorbildliche Herrschaft und sein frommes Leben fortgesetzt hat. Unbestrittener Mittelpunkt der linken Figurengruppe ist die zwischen Heinrich und Stephanus stehende Kunigunde, die züchtig bekleidet, in weit fallendem ungegürtetem Gewand erscheint (im Gegensatz zu Eva) und mit der Hand auf ihren Gatten verweist. Mit ihrer Rechten bietet sie dem hl. Stephanus ihre Kirchenstiftung an. Kaiser und Kaiserin nehmen damit einen festen und herausgehobenen Platz in der Heilsgeschichte ein. Sie werden dem sündigen ersten Menschenpaar, das die Erbsünde in die Welt brachte, als »Gegenentwurf« eines vorbildlichen und tugendhaften Paares gegenübergestellt. Zusammen mit den Begründern der römischen Kirche, dem ersten Märtyrer Stephan und dem Apostelfürsten Petrus, erfüllen sie Gottes Werk in der Welt.

Im Innern des Domes warten auf die Besucher wie von jeher die Gräber der Heiligen, die seit der Kanonisation als Hochgräber im Mittelschiff vor dem Kreuzaltar standen, heute jedoch nach mehrmaligen Verschiebungen ihren endgültigen Platz am östlichen Ende des Mittelschiffs zwischen den Treppen zum Georgenchor gefunden haben. Anlässlich des 300. Jahrestages der Translation der Kunigundengebeine am 9. September 1501 vergaben Domkapitel und Bischof den Auftrag für ein neues Prunkgrab, das der Bedeutung der beiden Heiligen für Bistum, Kirche und Welt entsprechen sollte. Sie scheuten keine Kosten und bestellten 1499 den besten Bildhauer der Zeit, Tilman Riemenschneider aus Würzburg, für das große Werk. Er vollendete den Auftrag zwar erst viel zu spät, 1513, doch das Warten und der Preis von 307 Gulden hatten sich gelohnt, denn er präsentierte ein kostbares Kunstwerk für die Ewigkeit. Das Kaisergrab besteht aus fein poliertem marmorähnlichem Solnhofener Kalkstein; auf der Deckplatte sind die Liegefiguren der Heiligen, an den Seitenwänden plastische Szenen aus ihren Heiligenviten zu sehen. Unter einem gemeinsamen Baldachin

Das heilige Paar blieb besonders wegen seiner Stiftungstätigkeit in Erinnerung. Am Chorgestühl des Georgenchors im Bamberger Dom sind die beiden in dieser Rolle dargestellt.

ruht das kaiserliche Paar auf der Deckplatte, nebeneinanderliegend in seiner ganzen herrscherlichen Pracht. Vornehm gekleidet, mit üppigem Faltenwurf, Bordüren und Ornamenten geschmückt, halten sie Zepter in ihren Händen, zu ihren Füßen ruhen Wappentiere, die ihre luxemburgische und bayerische Herkunft verraten. Der Kaiser trägt die Reichskrone auf dem Haupt und den Reichsapfel in der Linken. Kunigunde faltet ihre zarten Hände über der Körpermitte zusammen. Ihre Gesichter strahlen Ernsthaftigkeit und bescheidene Zurückhaltung aus. Demutsvoll blicken sie nach Osten, dem Sonnenaufgang und der Auferstehung entgegen.

An den Seitenwänden stellte Riemenschneider mit seinen Werkstattgehilfen in feinen Reliefs nach Vorlagen des Bamberger Malers Wolfgang Katzheimer die populärsten Szenen der Volkslegenden dar: Heinrichs Heilung vom Steinleiden in Montecassino, die Seelenwägung nach seinem Tod sowie seine Sterbeszene, für Kunigunde werden das Pflugscharwunder

Der Ekbert-Dom: Neubau auf altem Fundament

Zwei Brände 1081 und 1185 zerstörten den von Heinrich erbauten Dom so sehr, dass ein Neubau nötig war. Der Beginn der Bauarbeiten fiel noch in die Regierungszeit Bischof Ottos II. von Andechs-Meranien (1177–1196), geweiht wurde er am 6. Mai 1237 unter Bischof Ekbert von Andechs-Meranien (1203–1237). Die Fertigstellung dauerte vermutlich bis etwa 1250.

Der Neubau sollte zwar größer und moderner als der Vorgängerbau werden, doch nahm man aus Ehrfurcht Rücksicht auf den Heinrichdom. So übernahm man das Konzept der Doppelchoranlage mit dem Peterschor im Westen und dem Georg- und Marienchor im Osten, obwohl dies in der Zeit um 1200 eigentlich nicht mehr üblich war. Auch an der außergewöhnlichen Lage des Querschiffs im Westen hielten die Bauherren fest, da hier wie von Kaiser Heinrich gewollt der Petersdom in Rom zitiert werden sollte. Das östliche Turmpaar mit Eingangsportalen am Ende der Seitenschiffe entstammte ebenfalls dem Vorbild des Heinrichdomes. Neu ergänzt wurde dagegen das westliche Turmpaar, für das es kein Vorbild gegeben hatte. Das Kaisergrab beließ man zunächst an seiner alten Position im Mittelschiff, obwohl es durch die Verlängerung des Langhauses aus dem Mittelpunkt herausrückte. Ganz aufhalten ließ sich der Einfluss der modernen Architektur auf den Bau dennoch nicht. Der Ostteil des Domes und das Langhaus sind noch ganz der Romanik verpflichtet, doch der Westchor mit dem Querhaus und den beiden Westtürmen tragen unverkennbar gotische Züge. Auch die Einwölbung der Kathedrale nach langem Zögern des Domkapitels ist dem neuen Raumgefühl der Gotik geschuldet. So verband der Bamberger Dom Tradition und Moderne. Trotz mehrfacher Erneuerungen und Umgestaltungen im 17., 18. und 19. Jh. bewahrte er die Baukonzeption Heinrichs und Kunigundes über die Jahrhunderte hinweg und huldigte damit seinem heiligen Stifterpaar.

Der hochangesehene Würzburger Bildhauer Tilman Riemenschneider schuf für die Gebeine des Kaiserpaares in den Jahren 1499–1513 ein aufwändiges Hochgrab aus Solnhofener Kalkstein. Die Liegefiguren auf der Deckplatte zeigen Heinrich und Kunigunde in kaiserlichem Schmuck.

und die Erzählung vom gerechten Lohn gebracht. Das kaiserliche Paar ist damit endgültig eins geworden mit seiner volkstümlichen Legende. Kaiser und Kaiserin werden vorgestellt als standhafte, tugendsame, gerechte und auf die Hilfe der Heiligen bauende Menschen. Von den politischen Grabenkämpfen des 11. Jhs. ist nicht mehr die Rede.

Das Grabmal bildete den zentralen Verehrungsort des Paares, dessen Gebeine in der Tumba erstmals zusammengeführt wurden. Die alten Hochgräber brach man am 2. September 1513 ab und überführte deren Reliquienbehältnisse in das neue Grabmal. Die Häupter jedoch bewahrte man gesondert auf. Heute sind sie in der vom nördlichen Querhausschiff einsehbaren Häupterkapelle untergebracht, wo sie in neuen schlichten Reliquiaren ruhen.

Heinrich und Kunigunde sind ein Paar der Begegnung geblieben. Auch nach über 1000 Jahre noch lassen sie sich vergegenwärtigen und berühren. Sie führen zurück in eine unbekannte, heute oft unverständliche Zeit und bleiben dennoch lebendige Gegenwart.

973	6. Mai: Geburt des späteren Kaisers Heinrich II. als Sohn des Bayernherzogs Heinrich dem Zänker
zw. 975 und 985	Geburt Kunigundes, Tochter Graf Siegfrieds von Luxemburg
995	Beginn der Herrschaft als bayerischer Herzog Heinrich IV. nach dem Tod des Vaters
um 1000	Heirat Heinrichs und Kunigundes; Übertragung Bambergs als Morgengabe
1002	7. Juni: Salbung und Krönung Heinrichs zum König in Mainz nach dem überraschenden Tod Ottos III. in Paterno/Latium (24.1.1002); 10. August: Salbung und Krönung Kunigundes zur Königin in Paderborn; 1. Oktober: Unterwerfung Herzog Hermanns II. von Schwaben unter die königliche Gewalt in Bruchsal; endgültige Durchsetzung von Heinrichs Königtum
1003–1018	Langwierige Auseinandersetzungen mit Herzog Boleslaw Chrobry von Polen; Bündnis mit den Liutizen gegen das christliche Polen
1004	6. Februar: Wiederherstellung des Bistums Merseburg; 21. März: Verleihung des Herzogtums Bayern an den Schwager des Königs, Heinrich von Luxemburg; 14. Mai: Krönung zum König von Italien in Pavia; erster Italienzug
1006	König Rudolf III. von Burgund erklärt Heinrich II. zu seinem Erben; Übergabe der Stadt Basel; Treffen mit König Robert II. von Frankreich an der Maas, Abschluss eines Freundschaftsbündnisses
1007	1. November: Gründung des Bistums Bamberg
1008	Aufstand der Brüder Kunigundes in der Moselfehde; Übertragung des Königshofes Kassel an Kunigunde
1009	Absetzung des bayerischen Herzogs Heinrich von Luxemburg

1011–1012	Aufstand des lothringischen Pfalzgrafen Ezzo; Niederlage des königlichen Heeres
1012	6. Mai: Weihe des Bamberger Doms
1014	14. Februar: Kaiserkrönung Heinrichs und Kunigundes in Rom; zweiter Italienzug
1015	Unterwerfung der luxemburgischen Verwandtschaft
1017	Gründung des Klosters Kaufungen nach schwerer Erkrankung Kunigundes
1018	Neubelehnung Heinrichs von Luxemburg mit Bayern durch Kunigunde; Bestätigung des Erbschaftsvertrages mit Rudolf III. von Burgund in Mainz
1020	Besuch Papst Benedikts VIII. zu Ostern in Bamberg
1021–1022	Dritter Italienzug; Vorstoß nach Süditalien; Besuch der Klöster Montecassino und Cluny
1023	Zusammenkunft mit Robert II. von Frankreich in Mouzon und Ivois; Erneuerung des Freundschaftsbündnisses; Planung eines Konzils
1024	13. Juli: Tod Kaiser Heinrichs II. in der Pfalz Grone bei Göttingen; Beisetzung im Bamberger Dom; 4. September: Wahl des Saliers Konrad II. zum neuen König; Übergabe der Reichsinsignien durch Kunigunde
1025	13. Juli: Eintritt Kunigundes als einfache Nonnen ins Kloster Kaufungen; Weihe der Klosterkirche
1033	3. März: Tod Kunigundes in Kaufungen
1146	12. März: Heiligsprechung Kaiser Heinrichs II. durch Papst Eugen III.
1200	29. März: Heiligsprechung Kaiserin Kunigundes durch Papst Innozenz III.

STAMMBAUM

Ludwig II. d. Stammler
Sohn Ks. Karls d. Kahlen,
Enkel Ks. Ludwigs d. Frommen,
Urenkel Ks. Karls d. Großen
(846–879), westfränk. Kg.
⚭ (1) Ansgard v. Burgund (826–880)
⚭ (2) Adelheid v. Friaul (850–901)

(1)

Ludwig III.
(um 864–882)
westfränk. Kg.

Karlmann II.
(um 866–884)
westfränk. Kg.

Ermentrud
(*um 870/75)
⚭ N.N.

(2)

Karl III. d. Einfältige
(um 879–929)
westfränk. Kg.

Kunigunde
(um 888/95–nach 923)
⚭ (1) Wigerich (um 870–vor 922)
Pfalzgf. in Lothringen
⚭ (2) Richwin († 923), Gf. v. Verdun
⚭ (3) N. N.

(?)

5 weitere Kinder

Siegfried I.
(um 918/29–998)
⚭ Gf. v. Luxemburg
⚭ Hadwig
(um 935/45–nach 993)

5 weitere Kinder

Giselbert
(† 1004)
Gf. im Moselgau

Dietrich
(† 1046)
Bf. v. Metz

KUNIGUNDE
(um 975/85–1033)
⚭ HEINRICH II.

Heinrich
(um 960–1026)
Hzg. v. Bayern

Friedrich
(† 1019)
Gf. im Moselgau
⚭ Irmtrau
v. d. Wetterau
(972–nach 1015)

Adalbero
(† um 1036/37)
Elekt v.
Trier

Otto I. d. Große
(912–973)
ostfränk. Kg., Ks.
⚭ (1) Edgith v. England
(910–946)
⚭ (2) Adelheid v. Burgund
(um 932–999)

2

Otto II.
(955–983)
Ks.
⚭ Theophanu
(um 955/60–991)

Otto III.
(980–1002)
Kg., Ks.

- Liudolf, *Stammvater d. Liudolfinger* (805/06–864/66) ⚭ Oda
  - Otto I. d. Erlauchte (vor 877–912) ⚭ Hadwig († 903)
    - Heinrich I. (um 876–936) Hzg. v. Sachsen, ostfränk. Kg. ⚭ Mathilde d. Heilige (um 895–968)
      - Gerberga (um 913/14–nach 968) ⚭ (1) Giselberth (um 890–939) Hzg. v. Lothringen ⚭ (2) Ludwig IV. (um 920/21–954) westfränk. Kg.
      - Heinrich I. (um 920–955) Hzg. v. Bayern ⚭ Judith v. Bayern (925–nach 985)
        - Gerberga (um 940–1001) Äbtissin v. Gandersheim
        - Hadwig (um 940/45–994) ⚭ Burchard III. (um 906/15–973) Hzg. v. Schwaben
        - Heinrich II. der Zänker (951–995) Hzg. v. Bayern ⚭ Gisela v. Burgund (vor 950–1007)
          - HEINRICH II. (973/78–1024) Hzg. v. Bayern, ostfränk. Kg., Ks. ⚭ KUNIGUNDE
          - Brun (um 973/76–1029) Bf. v. Augsburg
          - Gisela (um 984/85–1060) ⚭ Stephan I. (969–1038) Kg. v. Ungarn Abtissin v. Niedernburg
      - Hadwig (um914/20–959) ⚭ Hugo d. Große (um 895–956) Hzg. v. Franzien
      - Brun (925–965) Ebf. v. Köln
    - *3 weitere Kinder*
  - *10/11 weitere Kinder*

QUELLEN- UND LITERATURVERZEICHNIS

Quellen

Adalbold von Utrecht: Vita Heinrici II. imperatoris, hrsg. von Hans van Rij, in: Nederlandse Historische Bronnen, Bd. 3, Amsterdam 1983.

Brun von Querfurt: Epistola ad Henricum Regem, hrsg. von Jadwiga Karwasinska (Monumenta Poloniae Historica NS 4/3), Warschau 1973.

Ebernand von Erfurt: Die Kaiserlegenden von Heinrich und Kunigunde, hrsg. von Manfred Lemmer/Kurt Gärtner; Sandersdorf-Brehna 2012.

Die Ordines für die Weihe und Krönung des Kaisers und der Kaiserin, hrsg. von Reinhard Elze, Hannover 1960 (Monumenta Germaniae Historica, Fontes Iuris Germanici Antiqui 9).

Froumund von Tegernsee: Die Tegernseer Briefsammlung, hrsg. von Karl Strecker, Berlin 1925 (Monumenta Germaniae Historica Epistolae selectae 3).

Frutolfs und Ekkehards Chroniken und die anonyme Kaiserchronik, hrsg. von Franz-Josef Schmale und Irene Schmale-Ott, Darmstadt 1972 (Ausgewählte Quellen zur deutschen Geschichte des Mittelalters, Freiherr vom Stein-Gedächtnisausgabe, Band 15),

Gerhard von Seeon: Carmen Bambergense, in: Monumenta Germaniae Historica, Poetae latini 5, Teile 1–3, hrsg. von Karl Strecker und Gabriel Silagi, Leipzig-Berlin-München 1937/1939/1979.

Nonnosus Stettfelder: Dye legend und leben des Heyligen sandt Keyser Heinrichs und Das leben und legend der heyligen iunckfrawen und Keyserin sand Kungunden, Bamberg, Hanssß Pfeyll 1511, Bamberg Staatsbibliothek, Inc.typ.Ic/18.

Thietmar von Merseburg: Chronik, neu übertragen und erläutert von Werner Trillmich, Berlin 1958 (Ausgewählte Quellen zur deutschen Geschichte des Mittelalters, Freiherr vom Stein-Gedächtnisausgabe, Band 9).

Die Vita sancti Heinrici regis et confessoris und ihre Bearbeitung durch den Bamberger Diakon Adelbert, hrsg. von Marcus Stumpf, Hannover 1999 (Monumenta Germaniae Historica, Scriptores 7/ Scriptores rerum Germanicarum in usum scholarum separatim editi 69).

Wipo: Gesta Chuonradi II. imperatoris, in: Quellen des 9. und 11. Jahrhunderts zur Geschichte der Hamburgischen Kirche und des Reiches, neu übertragen von Werner Trillmich, Berlin 1961 (Ausgewählte Quellen zur deutschen Geschichte des Mittelalters, Freiherr vom Stein-Gedächtnisausgabe, Band 11),

Wolfher: Vita Godehardi episcopi prior, hrsg. von Georg Heinrich Pertz, Hannover 1854 (Monumenta Germaniae Historica Scriptores 11).

Literatur

Althoff, Gerd: Otto III. Gestalten des Mittelalters und der Renaissance, Darmstadt 1996.

Ders.: Die Ottonen. Königsherrschaft ohne Staat, Stuttgart 2005.

Asel, Jennifer: Das Kaiserpaar Heinrich II. und Kunigunde: Regenten zwischen Staat und Religion, Hamburg 2009.

Baumgärtner, Ingrid (Hrsg.): Kunigunde – eine Kaiserin an der Jahrtausendwende, Kassel 1997.

Dies.: Vom Königshof zur Stadt. Kassel im Mittelalter, Kassel 2013.

Baumgärtel-Fleischmann, Renate: Die sogenannte Kunigundenkrone, in: Münchner Jahrbuch der bildenden Kunst, 3. F., Bd. 32 (1981), S. 25–41.

Dies.: Ausgewählte Kunstwerke aus dem Diözesanmuseum Bamberg (Veröffentlichungen des Diözesanmuseums Bamberg 1), Bamberg 1992.

Benz, Karl Josef: Untersuchungen zur politischen Bedeutung der Kirchweihe unter Teilnahme der deutschen Herrscher im hohen Mittelalter (Regensburger Historische Forschungen, Bd. 4), Kallmünz 1975.

Beumann, Helmut: Die Ottonen, Stuttgart u. a. 2000.

Bogyay, Thomas von: Grundzüge der Geschichte Ungarns, Darmstadt 1990.

Breitenstein, Mirko: Die Benediktiner. Geschichte, Lebensformen, Spiritualität, München 2019.

Cottin, Markus/Merkel, Lisa (Hrsg.): Thietmars Welt. Ein Merseburger Bischof schreibt Geschichte, Ausstellungskatalog im Auftrag der Vereinigten Domstifter zu Merseburg und Naumburg und des Kollegiatsstifts Zeiss, Petersberg 2018.

Dengler-Schreiber, Karin: Kleine Bamberger Stadtgeschichte, Regensburg 2013.

Dies.: Kunigunde und Heinrich: Geschichte einer ungewöhnlichen Liebe, Bamberg 2008.

Dick, Stefanie/Jarnut, Jörg/Wemhoff, Matthias (Hrsg.): Kunigunde. Consors regni. Vortragsreihe zum tausendjährigen Jubiläum der Krönung Kunigundes in Paderborn (1002–2002), München 2004.

Ennen, Edith: Die Reichskleinodien. Herrschaftszeichen des Heiligen Römischen Reiches, Göppingen 1997.

Fehlmann, Marc/Matzke, Michael/Söll-Tauchert, Sabine (Hrsg.): Gold & Ruhm. Kunst und Macht unter Kaiser Heinrich II. Ausstellungskatalog Kunstmuseum Basel 11.10.2019–19.1.2020, München 2019.

Fößel, Amalie: Die Königin im mittelalterlichen Reich. Herrschaftsausübung, Herrschaftsrechte, Handlungsspielräume (Mittelalter-Forschungen 4), Stuttgart 2000.

Dies. (Hrsg.): Die Kaiserinnen des Mittelalters, Regensburg 2011.

Fried, Johannes: Der Weg in die Geschichte. Die Ursprünge Deutschlands bis 1024 (Propyläen Geschichte Deutschlands, 1), Berlin 1994.
Guth, Klaus: Kaiser Heinrich II. und Kaiserin Kunigunde: das heilige Herrscherpaar. Leben, Legende, Kult und Kunst, Petersberg 2002.
Haag, Sabine (Hrsg.): Meisterwerke der Weltlichen Schatzkammer, Kunstführer durch das Kunsthistorische Museum Wien Bd. 2, Wien 2017.
Hirschmann, Frank G./Maréchal, Romain: Die heilige Kaiserin Kunigunde von Luxemburg, Trier 2014.
Jung, Norbert/Kempkens, Holger: Gekrönt auf Erden und im Himmel. Das heilige Kaiserpaar Heinrich II. und Kunigunde, Ausstellungskatalog anlässlich des 1000jährigen Jubiläums ihrer Kaiserkrönung, Münsterschwarzach 2014.
Dies.: 1000 Jahre Kloster Michaelsberg, Bamberg 1015–2015. Im Schutze des Engels, Begleitband zum Ausstellungsprojekt des Diözesanmuseums Bamberg, Petersberg 2015.
Kalden-Rosenfeld, Iris: Riemenschneider, Tilman: Kaisergrabmal im Bamberger Dom, in: Historisches Lexikon Bayerns, 2010.
Keller, Hagen: Die Ottonen, München 2017.
Kirmeier, Josef/Schneidmüller, Bernd/Weinfurter, Stefan/Brockhoff, Evamaria (Hrsg.): Kaiser Heinrich II. 1002–1024. Katalog zur Bayerischen Landesausstellung Bamberg 9.7.–20.10.2002, (Veröffentlichungen zur bayerischen Geschichte und Kultur 44), Augsburg 2002.
Klauser, Renate: Der Heinrichs- und Kunigundenkult im mittelalterlichen Bistum Bamberg, in: Bericht des Historischen Vereins für Bamberg 95, Bamberg 1956.
Kleiner, Michael/Unger, Ludwig: Unterm Sternenmantel – 1000 Jahre Bistum Bamberg. Die Geschichte in Lebensbildern, Bamberg 2006.
Kohwagner-Nikolai, Tanja: Kaisergewänder im Wandel – goldgestickte Vergangenheitsinszenierung. Rekonstruktion der tausendjährigen Veränderungsgeschichte, Regensburg 2020.
Körntgen, Ludger: Ottonen und Salier (Geschichte kompakt), Darmstadt 2013.
Kraus, Andreas (Hrsg.): Geschichte Frankens bis zum Ausgang des 18. Jahrhunderts (Handbuch der Bayerischen Geschichte, Bd. 3, begründet von Max Spindler), München 1997.
Linke, Heinrich: Beitrag zur Kulttopographie des Hl. Kaiserpaares Heinrich und Kunigunde anlässlich des 1000-jährigen Bestehens für das Erzbistum Bamberg zusammengestellt, Bamberg 2007.
Lübke, Christian: Fremde im östlichen Europa. Von Gesellschaften ohne Staat zu verstaatlichen Gesellschaften (9.–11. Jahrhundert), Köln/Weimar/Wien 2001.

Ludat, Herbert: An Elbe und Oder um das Jahr 1000. Skizzen zur Politik des Ottonenreiches und der slavischen Mächte in Mitteleuropa, Weimar/Köln/Wien 1995.

Morsbach, Peter (Hrsg.): Regensburg. Metropole im Mittelalter, Regensburg 2007.

Neundorfer, Bruno (in Überarbeitung von Norbert Jung und Holger Kempkens): Bamberg. Der Dom, Schnell und Steiner Kunstführer, Regensburg 2012.

Pernoud, Régine: Die Heiligen im Mittelalter, München 1994.

Puhle, Matthias/Hasse, Claus-Peter (Hrsg.): Heiliges Römisches Reich deutscher Nation 962 bis 1806. Von Otto dem Großen bis zum Ausgang des Mittelalters, 29. Ausstellung des Europarates in Magdeburg und Berlin und Landesausstellung Sachsen-Anhalt, Bd. 2: Essays, Dresden 2006

Ranft, Andreas/Schenkluhn, Wolfgang (Hrsg.): Herrschaftslandschaft im Umbruch: 1000 Jahre Merseburger Dom, Regensburg 2017.

Rogge, Jörg: Die deutschen Könige im Mittelalter. Wahl und Krönung, Darmstadt 2006.

Schlitzberger, Udo (Hrsg.): Die Althessische Ritterschaft und das Stift Kaufungen, Kassel 2018.

Schmid, Alois (Hrsg.): Das alte Bayern. Von der Vorgeschichte bis zum Hochmittelalter (Handbuch der Bayerischen Geschichte, Bd.1, begründet von Max Spindler), München 2017.

Schneidmüller, Bernd: Kaiserin Kunigunde. Bamberger Wege zur Heiligkeit, Weiblichkeit und Vergangenheit, in: Bericht des Historischen Vereins Bamberg 137, Bamberg 2001.

Ders.: Die Gründung des Bistums Bamberg 1007, (Deutsche Geschichte in Dokumenten), Braunschweig 2001.

Ders.: Gründung und Wirkung. Das heilige Kaiserpaar Heinrich und Kunigunde in seinen Bistümern Bamberg und Merseburg, Halle a. S. 2015.

Schneidmüller, Bernd/Weinfurter, Stefan (Hrsg.): Otto III. – Heinrich II. Eine Wende? (Mittelalterforschungen, 1), Stuttgart 2000.

Specht, Agnete von (Hrsg.): Geschichte der Frauen in Bayern. Von der Völkerwanderung bis heute, Katalog zur Landesausstellung 1998 in den Ausstellungshallen im Klenzepark in Ingolstadt, Augsburg 1998.

1000 Jahre Kaufungen. Arbeit-Alltag-Zusammenleben, hrsg. vom Gemeindevorstand der Gemeinde Kaufungen und Sparkassenstiftung Landkreis Kassel-Kultur, Kaufungen 2011.

Then-Westphal, Christiane: Königs Wege zum Heil. Ehe und Enthaltsamkeit in deutschen Texten des hohen und späten Mittelalters (Bamberger Germanistische Mittelalter- und Frühneuzeit-Studien, 2), Bamberg 2020

Trapp, Eugen: Das heilige Kaiserpaar Heinrich und Kunigunde, Regensburg 2010.

Ders.: Welterbe Regensburg. Ein kunst- und kulturgeschichtlicher Führer zur Altstadt Regensburg mit Stadtamhof, Schnell und Steiner Kunstführer, Regensburg 2008.

Urban, Josef (Hrsg.): Das Bistum Bamberg um 1007. Festgabe zum Millennium, Bamberg 2006.

Van Eickels, Christine und Klaus (Hrsg.): Das Bistum Bamberg in der Welt des Mittelalters. Vorträge der Ringvorlesung des Zentrums für Mittelalterstudien der Otto-Friedrich-Universität Bamberg im Sommersemester 2007, Bamberg 2007.

Volkert, Wilhelm: Geschichte Bayerns, München 2010.

Weinfurter, Stefan: Heinrich II. (1002–1024). Herrscher am Ende der Zeiten, Regensburg 1999.

Ders.: Bamberg und das Reich in der Herrscheridee Heinrichs II., in: Bericht des Historischen Vereins Bamberg 137, Bamberg 2001.

Wemhoff, Matthias (Hrsg.): Kunigunde – empfange die Krone, Paderborn 2002.

Wolter, Heinz: Die Synoden im Reichsgebiet und in Reichsitalien von 916 bis 1056, Paderborn, München, Wien, Zürich 1988.

Zeißner, Werner/Urban, Josef: Der Dom zu Bamberg. Kathedrale und Mutterkirche (Das Bistum Bamberg in Geschichte und Gegenwart, 5), Bamberg 2007.

BILDNACHWEIS

Adobe: 14 (refresh(PIX), 64 (Sergii Figurnyi), 83 (Fineart Panorama), 147 (Mikhail Markovskiy)

akg-images: 9 (Schütze/Rodemann), 45, 104

Alamy Stock Foto: 72

Bayerische Staatsbibliothek: 53 (clm 4456, fol. 11v.), 60 (clm 4452, fol 2r.)

Benediktinerabtei Niederaltaich: 29

Harald Brünig: 32

https://commons.wikimedia.org: 76 (Sailko, CC-BY-2.5), 87 (Szilas, public domain), 132 (MatthiasKabel, CC-BY-SA-3.0-migrated), 142 (AndreasPraefcke, CC-BY-3.0)

INTERFOTO / Toni Schneiders: 117, 138

Karin Schneider-Ferber: 113, 145

Staatsbibliothek Bamberg: 22 (Msc.Lit.142, fol. 4v), 39 (Inc. Typ. E 1 2a, fol. CLXXXVII), 121 (RB.Inc.typ.E.1, Seite 102)

Umschlagabbildungen: Vorderseite: Skulpturen des Kaiserpaars an der Adamspforte des Bamberger Doms, entstanden um 1235 (akg-images); Rückseite: Grabplatte Heinrichs II. und Kunigundes von Tilman Riemenschneider, geformt in Solnhofener Kalkstein, fertiggestellt 1513. – Adobe (acrogame).

Bibliografische Information der Deutschen Nationalbibliothek
Die Deutsche Nationalbibliothek verzeichnet diese Publikation in der Deutschen Nationalbibliografie; detaillierte bibliografische Daten sind im Internet über http://dnb.dnb.de abrufbar.

Gutenbergstraße 8 | 93051 Regensburg
Tel. 0941/920220 | verlag@pustet.de

ISBN 978-3-7917-3354-8
Reihen-/Umschlaggestaltung und Layout: www.martinveicht.de
Satz: Vollnhals Fotosatz, Neustadt a. d. Donau
Druck und Bindung: Friedrich Pustet, Regensburg
Printed in Germany 2022

eISBN 978-3-7917-6225-8 (epub)

Unser gesamtes Programm finden Sie unter
www.verlag-pustet.de